Les intelligences citoyennes

Essai sur les Créatifs Culturels

Psycho-sociologie positive des classes citoyennes

Antony GALLAIS

© 2020, Antony Gallais

Edition : Books on Demand,
12/14 rond-Point des Champs-Elysées, 75008 Paris
Impression : BoD - Books on Demand, Norderstedt, Allemagne
ISBN : 9782322208043
Dépôt légal : Avril 2020

À Aurélie, Ameline et Adèle que la lumière de leurs âmes bienveillantes continue d'éclairer le monde.

A Jacques pour sa sagesse inspirante

A toutes les âmes sensibles

Table des matières

1. Introduction De l'âme néolibérale à l'âme sensible __ 6
2. La puissance transformatrice de la psychologie positive __ 17
2.1. Science positive et transformation sociale __ 18
2.1.1. De quoi le positif est-il le nom ? __ 18
2.1.2. La notion de ressources citoyenne __ 25
2.1.3. Des liens positifs avec le monde __ 30
2.2. Positivation et projet de citoyennisation __ 33
2.2.1. Citoyennisation __ 33
2.2.2. Grandir dans un monde néolibéral __ 41
3. La fabrique sociale des âmes __ 52
3.1. Pierre Bourdieu, une théorie du monde social __ 53
3.1.1. Notion de champ comme univers de sens __ 53
3.1.2. L'HABITUS - vision sociale de notre être __ 56
3.1.3. La notion de capital __ 58
3.1.4. Ethos, capital et transformations __ 60
3.2. De l'habitus à l'ethos citoyen __ 61
3.2.1. De quelques ethos contemporains __ 62
3.2.2. La notion d'ethos citoyen __ 65
3.2.3. Ethos positif et intériorité citoyenne __ 67
3.2.4. Ethos : une notion politique ? __ 70
3.3. Du capital positif au capital de citoyenneté __ 77
3.3.1. La notion de capital __ 77
3.3.2. Les différents effets de transformation du capital __ 82
3.3.3. Le capital en pratique __ 86
4. Les intelligences citoyennes __ 89
4.1. Les formes spécifiques d'intelligences __ 90
4.1.1. La théorie des intelligences multiples __ 93
4.1.2. Analyse des intelligences citoyennes __ 94
4.2. L'intelligence existentielle __ 98
4.2.1. Composantes de cette intelligence __ 99
4.2.1.1. Travail sur le sens de la vie __ 99
4.2.1.2. Travail sur l'épreuve et la souffrance __ 102
4.2.1.3. Travail sur son rapport à la nature __ 104
4.2.1.4. Travail sur le sens des relations __ 105
4.3. Intelligence émotionnelle __ 107
4.3.1. Un travail sur l'émancipation émotionnelle __ 111
4.3.2. Un travail de résilience __ 113
4.3.3. Un travail sur la bientraitance __ 115
4.4. Intelligence psychologique __ 117
4.4.1. Travail de connaissance de soi __ 120

4.4.2.	Le travail d'actualisation de soi	121
4.4.3.	Travailler la méta-conscience	128
4.5.	Des intelligences productrices de citoyenneté	130
4.6.	Un ethos citoyen	133
5.	Capitalisation citoyenne des espaces sociaux	136
5.1.	Capitalisation citoyenne	137
5.1.1.	Attraction psychique et fertilisation	137
5.1.2.	Pourquoi l'esprit de citoyenneté ne fait pas loi ?	144
5.2.	La technologie de la fabrique de la citoyenneté	154
5.2.1.	Politique de développement de la citoyenneté	154
6.	Sélection et bientraitance	165
7.	Eduquer et former à l'essentiel	183
7.1.	LE TEMPS DE L'ENFANCE : EDUCATION CITOYENNE	186
7.2.	La citoyenneté professionnelle	196
8.	La revalorisation symbolique du capital de citoyenneté	211
9.	Conclusion	216
10.	Bibliographie	219
11.	Annexe	223
Annexe 1 - Dictionnaire - Paix/Éducation		224
Annexe 2 - Liste des ouvrages sur la question des ressources en lien avec les enjeux du bien commun		226
Index des notions clés		228

1.
Introduction
De l'âme néolibérale à l'âme sensible

Face à un monde confronté à des enjeux sociaux et environnementaux gigantesques, les forces du changement social et politique vont se déployer que nous le souhaitions ou pas. Nul ne sait quelles formes ces forces prendront mais tout le monde peut et doit être convaincu que des changements radicaux vont rapidement intervenir. Nous ne continuerons pas tranquillement et très longtemps le cours de nos vies ordinaires.

Cette nouvelle question sociale et politique (la plus grande que le monde ait jamais eu à affronter) nous confronte donc à la nécessité de se saisir de ces forces de changements pour les orienter dans une direction jugée souhaitable. Elle nécessite de penser sereinement et lucidement les mécanismes de changements sociaux efficaces dans des structures démocratiques.

La question écologique nous impose urgemment un profond changement de paradigme. Dorénavant (et nous en sommes très loin), l'ensemble des forces sociales du changement doive être réorienté vers la recherche de la survie de l'espèce humaine et donc des problématiques environnementales. À la figure de l'« Homoéconomicus » comme moteur de l'histoire doit succéder celle de « l'Homoécologicus », individu capable de réguler ses besoins en renonçant à assouvir l'ensemble de ses pulsions. Autrement dit, un individu social habité par le souci environnemental, par le sens de l'intérêt général et le souci de l'autre.

Bref, un homme sage. Car c'est, en effet, de sagesse dont nous allons parler. Ne nous y trompons pas. Il n'y aura pas de futur positif sans le franchissement de stades de développement psychiques et spirituels de grandes importances, sans l'atteinte d'une forme de sagesse individuelle et collective permettant de dompter nos démons. Et le temps nous est compté.

Se pose donc la question de l'émergence de ce sage en tant que nouvelle figure sociale, acteur du changement.

Face à la nécessité d'opérer ce processus de transformation anthropologique, on en appelle à une prise de <u>conscience</u>, une évolution des mentalités. On espère que la sagesse va naître devant le constat de l'imminence du danger. Possible… mais il est aussi possible que le danger révèle des pulsions de survie mortifères. Le danger est aujourd'hui à nos portes et les scores du mouvement écologiste témoignent de la faible prise de conscience collective de l'immensité des enjeux.

Pour qu'un processus de transformation advienne, il doit nécessairement s'inscrire dans une conscience, un corps social et psychique capable de concevoir le projet spirituel sur lequel il s'adosse, d'y adhérer et de le promouvoir. La question du changement social est donc étroitement dépendante de celle de l'évolution des mentalités autrement formulable à travers les notions d'esprit ou de conscience. Cette mentalité nous renvoie à la découverte et l'analyse sociale des formes de subjectivités contemporaines.

Nous sommes, en partie, les enfants d'un système politique, économique, culturel et symbolique. Nous intériorisons un « ethos» lié au système politique marqué par un certain rapport au temps, à la compétition, à la consommation, à l'autre, à la nature, au sens de la vie… Même si nous ne sommes pas entièrement réductibles à cette forme de subjectivité, elle est l'une des composantes de notre conscience. Cette fabrique de nos âmes se donne à voir dans les dispositions socialement encouragées au sein d'un système politique (réussir matériellement…) mais aussi dans tous les autres traits de caractère laissés en friche (la bientraitance est aussi une dispositions qui se cultive pour qu'elle puisse se déployer). L'humanité ne peut survivre qu'à la condition de changer radicalement son mode de vie et un tel changement ne peut naître que si cette nécessité est intériorisée dans les profondeurs de nos âmes. La question sociale et environnementale est donc une question à la fois psychique et politique : la fabrique de cette conscience écologiste.

Comment faire advenir une Humanité sage ? Telle est la question centrale de cet ouvrage.

De cette question les champs politique et philosophique s'en sont largement saisis sans y apporter une réponse à la hauteur.

Nous devons rompre le cercle infernal de la destruction environnementale. Un système néolibéral produit un *ethos* néolibéral qui va lui-même reproduire le système par l'intériorisation psychique de la vision du monde nécessaire à la survie du système.

Cette question doit donc sortir du champ politique pour être utilement éclairée à l'aune des sciences sociales en s'appuyant sur deux univers : les sciences sociales et la psychologie positive.

Du côté des sciences sociales, nous allons chercher son expertise du fonctionnement social et notamment sa compréhension des liens pouvant exister entre les structures sociales et les structures psychiques. Nous avons besoin de comprendre les mécanismes qui contribuent à la formation sociale des dispositions[1] psychiques pour saisir les conditions de l'évolution des consciences. Il s'agit de politiser la question des formes de subjectivités contemporaines.

---

[1] Nous utiliserons fréquemment le concept de disposition « La sociologie appelle dispositions des manières de faire, dire et penser d'un individu. Celles-ci sont alors pensées comme socialement construites, c'est-à-dire qu'elles sont intériorisées par l'individu à l'issue de processus de socialisation » « Dispositions féminines / dispositions masculines ». http://www.revue-interrogations.org/Dispositions-feminines, 3 janvier 2013.

Comment peut-on socialement produire de la sagesse ?

En accédant à cette compréhension, nous pouvons espérer trouver les outils pour faire émerger cet Homme sage. L'ensemble du travail social sécrété par chaque espace social sur l'intériorité et les subjectivités individuelles peut et doit être mis au service de la fabrique de cette sagesse.

En prétendant que notre vision du monde est façonnée par les différents espaces sociaux que nous fréquentons, nous ne faisons que formuler une banalité sociologique. Cette science a dénoncé de 1000 façons l'enfantement par le système politique notamment néolibéral d'enfants monstrueux, individus égoïstes, calculateurs, pervers…. Autant de théories, de travaux permettant de mettre en évidence des liens toxiques entre les structures sociales et les dispositions psychiques. Il est possible d'utiliser l'ensemble de ces outils mais cette fois-ci, non pas seulement pour dénoncer les dérives, mais pour les mettre au service de la construction d'une sagesse collective. Il est possible d'utiliser l'ensemble de ce savoir pour donner à voir les conditions à mettre en place pour qu'une société (et l'ensemble des espaces sociaux qui la compose) participe à la fabrique d'un citoyen sage. Une forme de **sociologie positive** en somme. Une telle sociologie pourrait être définie comme la science ayant pour objet de produire du savoir sur le fonctionnement vertueux des espaces sociaux.
En faisant cela, nous empruntons le chemin du paradigme positif balisé par la psychologie positive.

La psychologie positive a justement consacré l'essentiel de ses travaux à tenter d'établir des liens entre certaines formes de dispositions (optimisme, humour…) et des effets positifs (bonne santé, altruisme….). Elle a ainsi donné naissance à de multiples outils et théories. Elle a notamment développé la notion de ressources. Elle est principalement connue pour ses théories sur le bonheur mais la notion de positivité peut aussi se mesurer à l'aune de la recherche du bien commun.

Cependant, dans le domaine du changement social, la psychologie positive ne peut donner que ce qu'elle a à donner, faire que ce pourquoi elle est faite : de la psychologie. C'est-à-dire appréhender la notion de changement sous l'angle de l'évolution individuelle des subjectivités. C'est la raison pour laquelle elle a besoin des sciences sociales.

Chacun de ces univers a profondément besoin de l'autre pour déployer son potentiel.

La psychologie positive a besoin des sciences sociales pour comprendre les mécanismes qui permettront la diffusion de l'ensemble de ses ressources positives dans le corps social. Sans cela, elle restera cantonnée dans les cabinets de thérapeute. Elle finira en méthode Coué dans les catalogues de développement personnel. Au mieux, elle demeurera incapable de changer le réel (car n'ayant pas saisi les liens entre les subjectivités et les structures sociales et politiques) ; au pire, elle sera un instrument néolibéral de psychologisation et de culpabilisation des masses, véritable machine idéologique à domestiquer les esprits en rendant les individus responsables de leur malheur. Face au constat que la résilience est une ressource permettant de faire face aux épreuves, deux chemins s'offrent à nous : le premier consiste à rendre les individus responsables de leur échec par défaut de résilience, le second cherche à s'intéresser à la fabrique sociale et politique de cette résilience ainsi qu'à son orientation citoyenne. Les sciences sociales peuvent aider la psychologie à arpenter ce second chemin.

Les sciences sociales ont besoin, quant à elles, de sortir de leur logiciel « problèmes » pour orienter leur regard vers des approches « solutions » et se poser donc, concrètement, la question de la sagesse et des moyens de la faire advenir. Il est plus que temps d'utiliser les outils qui ont été forgés pour décrire le sombre réel et mettre ce savoir au service de la transformation positive de monde. Les sciences sociales peuvent et doivent récupérer la question centrale de psychologie positive à savoir : « préoccupe-toi du futur favorable et donne-nous les outils pour le faire advenir ». Après avoir décrit les multiples pathologies de l'individu contemporain, nous devons travailler à l'émergence d'un savoir au service d'une sagesse individuelle et collective. Ce savoir doit nous donner les clés de la fabrique de l'*ethos* citoyen.

En mariant l'univers de la psychologie positive et celui des autres sciences sociales notamment de la sociologie, nous pouvons donner naissance à une fantastique boîte à outils conceptuelle et pratique. Les notions de « citoyennisation du monde, de capital de citoyenneté ou d'intelligence citoyenne » seront les enfants de ce mariage prolifique…et des outils qui pourront changer le monde

Après avoir présenté l'apport que peut représenter la psychologie positive dans le champ de la transformation à travers la notion de ressources et après avoir défini le concept de « positif » en s'appuyant sur la notion de bien commun, nous proposons de poursuivre l'incursion du paradigme positif dans le champ de l'analyse sociale en développement la notion de « **citoyennisation** ». Cet outil conceptuel nous permettra de désigner le processus d'enrichissement d'un espace social par des forces et une énergie citoyenne.

Nous poursuivrons, ensuite, le processus de reliance de la psychologie positive et des sciences sociales en allant puiser dans la boîte à outils Bourdieusienne les notions *d'habitus* et de capital. Ces concepts éclairés à la lumière des outils du paradigme positif nous permettront de forger les notions de

capital de citoyenneté et ***d'ethos* positif autrement appelé *ethos* citoyen**. Ces deux outils serviront à mettre en évidence la possibilité d'introduire des ressources positives au sein d'un espace social, ressources orientant le comportement des acteurs vers la recherche de l'intérêt général et du bien commun (notion de capital citoyen).

Une fois mis en évidence qu'il existe certaines dispositions favorisant des comportements citoyens, il nous faudra travailler à leur diffusion dans le corps social. Si l'intelligence émotionnelle est la mère de l'altruisme alors il nous faut apprendre à cultiver cette forme d'intelligence que nous proposons de nommer « intelligence citoyenne ».

Nous proposerons une analyse « chimique » des composantes de cette forme de capital à travers les concepts d'Intelligence spirituelle citoyenne, (ISC), d'Intelligence émotionnelle citoyenne (IEC) et d'Intelligence psychologique citoyenne (IPC).

L'examen de cette conscience citoyenne nous amènera à dessiner la figure d'un individu citoyen nécessairement sensible aux autres, aux sens des choses, aux émotions et à la nature. Tout l'enjeu consistera alors à trouver les voies et les moyens pour que **le pouvoir social bascule de l'âme néolibérale à l'âme bienveillante**, pour que le pouvoir soit donné aux âmes bienveillantes capable de diriger avec sagesse un monde écologique.

Nous donnerons ainsi un contenu à cette fameuse « prise de conscience », à cette conscience qu'il faut « prendre » pour produire de la sagesse.

Nous examinerons donc la fabrique de cette intériorité citoyenne[2] et notamment les conditions pour que ce type de dispositions puisse éclore au sein d'un espace social. Nous verrons ainsi qu'elles doivent nécessairement s'appuyer sur un certain nombre de structures sociales et symboliques. Elles doivent disposer de relais techniques leur permettant d'acquérir de la valeur, de peser dans le fonctionnement d'un espace social (**relais citoyens**). Ce processus par lequel une disposition individuelle positive devient constitutive d'un enjeu du champ et se transforme donc en un certain type capital culturel capable de produire des *ethos*, nous proposons de le nommer « **capitalisation citoyenne d'un espace social** », Autrement formulé, cela revient à se demander, comment introduire de la sensibilité environnementale et humaine dans les enjeux d'un espace social ?

Enfin, nous finirons par une présentation de quelques démarches et outils témoignant de tout le potentiel transformateur de ce processus de capitalisation. Nous irons interroger les politiques citoyennes à travers l'examen des mécanismes de sélection et la régulation des espaces sociaux.

Au final, nous allons proposer une batterie de concepts comme autant d'outils de transformation du réel : « **citoyennisation** », **capital positif**, *ethos* **positif, intelligence citoyenne, capitalisation, sélection citoyenne, régulation citoyenne, résilience citoyenne**...

Mais avant de commencer, un petit mot sur mon parcours. Un livre parle toujours de son auteur et celui-ci ne fera pas exception.

Cet ouvrage est le fruit de trois centres d'intérêts.

---

[2] •Expression empruntée à Thomas D'ANSEMBOURG—La paix, ça s'apprend : guérir de la violence et du terrorisme - Actes Sud, 2016 ».

De mes études en sciences sociales est né un fort intérêt pour la sociologie notamment les théories de Pierre Bourdieu et son concept de capital. Je ne revendique nullement le titre de sociologue mais le droit de commettre un essai en allant puiser dans la boîte à outils à la façon d'un bricoleur.

De ma profession de DRH, j'ai retenu l'extraordinaire diversité des outils permettant de travailler la question des compétences individuelles et collectives. Un DRH est un expert des ressources. L'expression « gestion des ressources humaines » est porteuse d'une vérité qu'elle ignore. Elle peut servir à désigner une conception gestionnaire de la force de travail vue comme une ressource dans un bilan comptable mais elle peut aussi se lire comme **l'art de faire éclore les ressources en humanité** : **gestion des ressources dont les Hommes ont besoin pour grandir**. Cette fois-ci, la notion de gestion est mise au service d'une expertise des ressources, des talents que chaque individu porte en lui pour les mettre au service d'une œuvre collective.

Enfin, la rencontre avec la psychologie positive m'a permis de découvrir que les notions de ressources individuelles et collectives pouvaient être à l'origine de transformations profondes, ainsi que les immenses vertus et bénéfices offerts par le déploiement du paradigme positif.

Trois histoires, trois concepts clés (capital, compétences et ressources) permettant d'enfanter le concept de capital positif ou capital de citoyenneté

Ce livre s'inscrit également dans la continuité des travaux sur les « créatifs culturels »[3]. Ce groupe social, cette classe

---

[3] En pratique, j'utiliserai assez peu cette expression car elle ne me semble pas donner une vision suffisamment dense de ce groupe. Je

citoyenne en émergence mise en évidence par le sociologue américain Paul Ray et par la psychologue américaine Sherry Anderson[4] se caractérise par 4 socles de valeurs (développement personnel, féminisme, spiritualité et écologie) qui ont étrangement la couleur de l'intelligence citoyenne. Pour qu'un groupe existe encore faut-il qu'il soit capable de se penser en tant que groupe, que se constitue une conscience de classe. J'espère que ce livre apportera une modeste pierre à cet édifice

---

lui préfère la notion de classe citoyenne ou d'âme bienveillante. SATYAVIR parle quant à lui des « évolutionnaire ».
[4] Paul H. Ray, Sherry Ruth Anderson, L'émergence des Créatifs Culturels, Éditions Yves Michel, 2001

2.
La puissance transformatrice de la psychologie positive

2.1. Science positive et transformation sociale

2.1.1. De quoi le positif est-il le nom ?

La notion de positivité a fait irruption dans un grand nombre d'espaces en portant l'ambition d'étudier et produire du savoir sur le fonctionnement vertueux. Il s'agit d'une idée toute simple mais néanmoins (r)évolutionnaire. Elle commence à faire école dans de nombreux autres univers : psychologie positive, éducation positive, économie positive, sociologie positive sont ses enfants. Cette idée simple est la suivante : si nous souhaitons opérer des transformations positives, il convient de nous intéresser scientifiquement aux mécanismes qui fonctionnent. Nous devons cesser de consacrer l'essentiel de notre énergie à la résolution des problèmes, ne pas simplement regarder ce qui empêche de grandir, ce qui brise mais aussi ce qui fait grandir et répare.

Avant d'aller plus loin, permettez-moi d'aborder un éclairage sur cette science positive. Il est, en effet, indispensable de faire sortir cette science de la théorie des « bisounours » dans laquelle elle est parfois reléguée.

Si vous ne connaissez pas le paradigme « positif » ou alors si vous ne l'appréhendez qu'à travers certains courants de la psychologie positive notamment la pensée positive, vous allez inévitablement l'associer à un certain nombre de représentations type « méthodes Coué » ou « pensée positive ». Ainsi, seraient positives les méthodes permettant de construire artificiellement une vision naïve du monde. Il faut reconnaître que certaines approches invitent à une telle lecture…

Cette école de pensée que constitue la psychologie positive est traversée par un certain nombre de courants idéologiques. À tel point qu'il est difficile de prétendre en donner une définition unique et consensuelle.

Disons simplement que la science positive s'appelle « positive » parce qu'elle s'intéresse au fonctionnement optimum donc aux éléments autour de la réussite, des forces, du sens de la vie et du bien-être et…. du bien commun. L'adjectif « positif » permet simplement de regrouper un grand nombre de thèmes qui ont pour point commun de relever d'un fonctionnement vertueux. Écrire sur la santé, ce n'est pas prétendre que tout le monde est en bonne santé et encore moins vouloir faire passer le malade pour un individu en bonne santé mais c'est vouloir porter son regard sur les caractéristiques positives de l'individu en bonne santé. On peut, en effet, vouloir guérir en s'intéressant à la maladie et donc en portant notre regard sur les malades mais il est tout aussi intéressant pour guérir de porter son regard sur les individus sains, sur ceux qui ont une espérance de vie particulièrement élevée, sur ceux qui ont pu échapper curieusement à toutes les maladies. En effet, il est possible que ces derniers possèdent un certain nombre de caractéristiques, utilisent certaines méthodes (disposent de certaines ressources) et que nous trouvions là une richesse pour la transformation sociale.

S'il est vrai que certaines approches de la psychologie positive ont pu donner naissance à des outils ou à des méthodes tirant peut-être trop fortement du côté de la superficialité, cela ne doit pas cacher que beaucoup de leurs travaux s'appuient sur une approche scientifique analysant en profondeur des objets sociaux positif (c'est d'ailleurs en partie son mérite que d'avoir considéré des concepts tel que l'optimisme ou le sens de la vie comme des objets méritant une analyse scientifique).

Une autre critique fréquemment formulée consiste à dire que la science positive serait porteuse d'une conception « individualisante » du monde et prendrait pour étude des objets sociaux (le bonheur par exemple) renvoyant chacun d'entre nous à un « travail sur soi »[5]. Elle serait ainsi une doctrine et une théorie parfaitement adaptées au monde néolibéral.

Il n'est pas exact de prétendre que la psychologie positive s'intéresse principalement et uniquement à des objets sociaux néolibéraux. Le bonheur est certes un champ d'études privilégié mais elle a également porté son regard sur des objets politiques et sociaux d'inspiration coopératifs en étudiant les questions d'altruisme, de comportements pro-sociaux, d'humanisme, de spiritualité, de coopération, de confiance…

S'il existe indéniablement une certaine branche théorique pouvant défendre une vision néolibérale du monde (promotion de l'optimisme, de la méthode Coué, sur responsabilisation des individus, etc.), nous trouvons également d'autres approches défendant des conceptions beaucoup plus citoyennes du monde. À cette psychologie positive néolibérale nous pouvons opposer la **psychologie positive citoyenne** dont il me plait de dire que Jacques Lecomte ou Thomas d'Ansembourg sont d'illustres représentants.

Ce courant nous invite à dépasser la simple satisfaction, les plaisirs faciles pour aller toucher à la profondeur de l'âme humaine. Même la question du bonheur peut sortir d'une conception individualiste du monde. Être heureux, c'est s'engager dans des activités qui ont du sens. Cela peut vouloir dire mener des combats, trébucher, se faire mal…. Un monde « positif » n'est pas un monde aseptisé où la souffrance aurait disparu. Un monde positif est un monde où les agents peuvent

---

[5] Pour une idée précise de cette critique : Eva ILLOUZ, et Frédéric JOL - Happycratie: comment l'industrie du bonheur a pris le contrôle de nos vies ? - Editions Broché – 23 août 2018

trouver leur place et un sens à cette place, un monde où la société se préoccupe du rapport que les individus développent vis-à-vis de la souffrance. C'est un monde où l'on lutte.

N'oublions pas que ce paradigme positif est né au sein de la psychologie dont la vocation est de traiter des questions de l'esprit. L'ensemble des approches psychologiques repose sur une conception individualiste du changement. Le procès[6] en individualisation fait à la psychologie positive pourrait être élargi à l'ensemble des sciences de l'esprit. La psychanalyse développe également une approche de la transformation individuelle centrée sur un travail sur soi dans le cadre d'une relation thérapeutique.

Il est possible et même souhaitable d'élargir le champ d'intervention de la science positive (nous ne parlerons plus alors seulement de psychologie positive mais bien de sciences positives) pour s'intéresser aux sociétés positives, aux organisations positives, aux politiques positives, aux structures positives... il ne sera plus seulement question de thérapie positive mais aussi de politiques positives, de sociologie positive ou de gestion positive ...

Si malgré ces critiques, il me semble pertinent de faire appel à la psychologie positive c'est qu'elle a trois immenses mérites :

1) elle a pour ambition d'introduire des méthodes scientifiques dans le champ de la psychologie. Elle tente d'étudier scientifiquement des objets politiques et moraux tels que le bonheur, le bien commun ou l'altruisme. Elle produit ainsi un savoir utile à un projet de transformation positif. Si le changement passe par des prises de conscience, alors, il nous faut produire du savoir sur cette conscience.

---

[6] Eva ILLOUZ, et Frédéric JOL - Happycratie: comment l'industrie du bonheur a pris le contrôle de nos vies ? - Editions Broché – 23 août 2018

2) Elle invite à déployer une approche solution et ainsi à changer notre regard. Elle nous amène ainsi à formuler de nouvelles questions. Comment puis-je définir et faire advenir une certaine conception positive de fonctionnement individuel et social ? Qu'est-ce qu'un fonctionnement vertueux ? Selon quelle méthode le fonctionnement vertueux considéré peut-il se déployer ? Quels sont les outils et les ressources qui favorisent son émergence ?

3) Enfin, elle nous invite à nous poser la question des formes de positivité pouvant être retenues dans le cadre de notre travail. Au fond, qualifier un objet social tel que l'optimisme de positif nous amène nécessairement à nous interroger sur le sens profond qu'il doit revêtir pour mériter cette qualification. La notion de positivité est forcément porteuse d'une certaine conception du sens de la vie, du bien et du mal, bref de de hiérarchie de valeurs, autrement dit de régime de positivité.

- <u>LES REGIMES DE POSITIVITE : LE BIEN COMMUN</u>

Le champ de la psychologue positive est bien plus large que la simple question du bonheur. Comme le montre cette liste[7] elle embrasse un large spectre de thèmes :

---

[7] Thèmes issus des travaux de Jacques LECOMTE http://jacques-lecomte.fr/

Objets d'études de la psychologie positive à dimension citoyenne

Bien-être	Satisfaction de la vie	Bonheur	Leader serviteur
Organisation positive	Confiance	Résilience	Émotions positives
Intelligence émotionnelle	Estime de soi	Humour	Résilience
Pleine conscience	Optimisme	Psychologie morale/Valeurs	Sagesse
Sens au travail	Amitié	Amour	Compétences psychosociales
Intelligence relationnelle	Coopération	Empathie et compassion	Gratitude et reconnaissance
Pardon	Résolution de conflits interpersonnels	Justice restauratrice	Psychologie de la paix
Créativité	Sens à la vie	Spiritualité	Altruisme Bénévolat, action sociale et humanitaire
Empowement et sentiment d'efficacité collective	Travail social axé sur les forces et les ressources des personnes et des groupes	Autodétermination	Sentiment d'efficacité personnelle
Motivation et projets «Flow» Passion Engagement	Espoir	But et projet	

En analysant l'ensemble de ces thèmes, il est possible de mettre en évidence 5 registres de positivité.

Ainsi, nous pouvons apprécier la positivité d'une disposition, d'une force ou d'une méthode lorsqu'elle permet d'améliorer la santé d'un individu (1ère forme), d'accroître sa performance au travail (2ème forme), d'augmenter son bien-être (3ème forme), de se développer (4ème forme) ou encore de contribuer au bien commun (5ème forme).

Notre ouvrage entend promouvoir cette 5ème forme de positivité en lien avec la notion de bien commun, de citoyenneté, de sagesse et de développement social et humain.

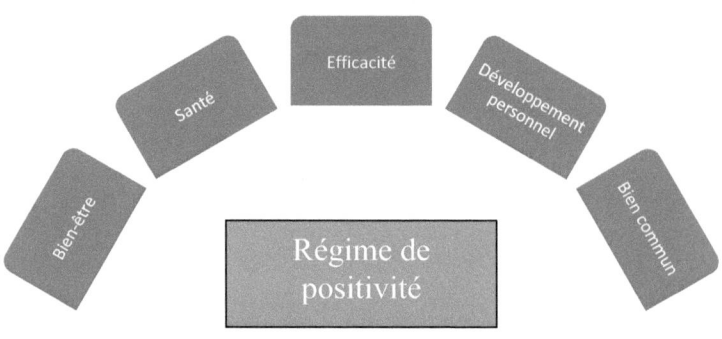

Nous allons donc mobiliser une branche spécifique de la psychologie positive : celle qui œuvre à la construction d'une **science psychique de la citoyenneté**. Il est impossible de développer de façon trop approfondie l'ensemble des notions qui peuvent être embrassées par ce régime de positivité. Disons simplement qu'il y est question d'altruisme, de comportements pro-sociaux, d'entraide, de développement durable, d'harmonie, de respect de l'autre, de spiritualité, de sens de la vie, d'éthique, d'empathie, de compassion, de sagesse et de pardon. Cette branche s'intéresse aux forces sociales, politiques et psychiques permettant à un individu de dépasser le stade égoïste pour tendre vers la recherche d'une harmonie sociale et du bien commun.

Dans le champ managérial, elle va porter son regard sur l'exercice positif du pouvoir (théorie du leader serviteur), sur les modes de coopération vertueux, les processus de prise de décision positifs (sagesse), les mécanismes de confiance, les comportements de citoyenneté organisationnelle, le sens au travail... Dans le champ social, elle va produire des savoirs sur les processus *d'empowerment*, la résilience, l'accompagnement fondé sur le sens, le soutien, la bienveillance, les ressources...

À travers cette branche, la psychologie positive nous offre donc un fantastique terrain d'étude consistant à tenter de comprendre scientifiquement les modes de fonctionnement considérés comme positifs car orientés vers la recherche du bien commun. Pour transformer une société, ne regardez plus seulement les déviances et l'individualisme mais observer les comportements d'entraide, de solidarité et de résilience. Observez ces êtres généreux. Analysez leurs spécificités et déduisez-en des pistes de transformation du réel.

2.1.2. La notion de ressources citoyenne

De ces différentes études, il me semble que nous pouvons retenir le concept de ressources. En effet, quelque soit le régime de positivité, que l'on regarde la question des individus en bonne santé ou que l'on s'intéresse aux travailleurs performants, la notion de ressources apparaît comme étant au centre de ces théories.

Cela signifie que nous pouvons, en grande partie, expliquer l'existence de forces de positivité chez un individu et, par extension, au sein d'un espace social, par la présence d'un certain nombre de « graines » positives de nature relationnelle, émotionnelle, spirituelle, cognitive, sociale, culturelle ou symbolique.

C'est donc ce concept que je vous propose d'aller explorer maintenant.

- **NOTION DE RESSOURCES POSITIVES ET FERTILISATION DU MONDE SOCIAL**

Si nous acceptons l'idée que la protection de l'environnement nécessite le déploiement d'un nouveau paradigme reposant sur un projet existentiel radicalement différent et si nous acceptons l'idée que ce nouveau monde suppose que l'humanité franchisse des stades de développement psychique, une évolution profonde de sa conscience, alors il nous faut aller regarder du côté des sciences de la conscience, des sciences de l'esprit pour tenter de comprendre les mécanismes par lesquels de telles évolutions positives peuvent advenir.

Dans quelle mesure les sciences de la conscience peuvent-elles nous aider à saisir les outils par lesquels nous pouvons faire muter « l'homoéconomicus » et faire advenir « l'homoécologicus » ?

- Ressources et modèle de changement social

Toute science de l'esprit développe une conception implicite du changement et du développement humain. La psychanalyse et son modèle fondé sur l'inconscient et la cure pose comme principe fondateur du développement la notion de guérison, l'idée de névrose, la place de la parole, l'exploration du passé... On peut lire derrière chaque modèle théorique psychologique une conception anthropologique de l'être humain. Ainsi, la psychanalyse tente de guérir un individu qu'elle voit comme névrosé, dominé par des pulsions sexuelles et par un inconscient maître de sa volonté.

Le bouddhisme a, quant à lui, développé une autre technologie du développement humain particulièrement élaboré. Il a ainsi placé la quête de l'éveil au centre des préoccupations et proposé un certain nombre d'outils comme la méditation, les mandalas ou les retraites censés faciliter le franchissant d'un certain nombre de stades de développement.

- Psychologie positive et nouveau modèle de changement

Si la psychologie positive entend révolutionner le champ thérapeutique, c'est qu'elle propose une nouvelle forme de technologie sociale et symbolique du développement humain. Elle s'appuie sur un appareillage technique différent en explorant les notions d'actualisation de soi (ne plus s'intéresser au processus pathologiques mais au processus de croissance) et mobilise la notion de ressources comme outils de **positivation**. Il est possible de transformer des individus et donc de transformer socialement le monde en introduisant un certain nombre de ressources. Ces dernières peuvent être cognitives, émotionnelles, relationnelles et spirituelles et être en grande partie cultivées, travaillées à l'aide de techniques. Voilà en quelques mots résumés l'Adn de la psychologie positive.

En portant son regard sur les éléments de fonctionnement optimum, vertueux, harmonieux bref positif, des caractéristiques ont été mises en évidence. En observant les individus heureux, on peut mesurer l'importance des relations (ressources relationnelles) et du sens donné à sa vie (ressources spirituelles). En observant les collectifs de travail les plus efficaces, les ressources de confiance et de coopération sont mises en avant. En observant les organisations les plus performantes, les ressources de résilience, de sagesse et de *leaderships* positifs font leur apparition.

Quelles que soient les portes que nous ouvrons, la notion de ressources se cache derrière pour faire éclore le citoyen derrière le monstre calculateur.

Si une grande partie des théories issues de la psychologie positive peuvent se décliner à travers ce concept de ressources (force, résilience, optimisme….), la théorie du capital psychologique positif en donne une lecture particulièrement féconde

- La théorie du capital psychologique positif[8]

La notion de capital psychologique positif a ainsi été forgée pour décrire l'existence chez certains individus de formes de dispositions ayant des effets positifs dans de nombreux domaines.

Le capital psychologique est caractérisé ainsi :

« Un état de développement psychologique positif d'un individu qui se caractérise par (1) une confiance en soi suffisante pour faire les efforts nécessaires pour atteindre avec succès des objectifs difficiles ; (2) être capable d'attribuer une valeur positive aux succès obtenus maintenant ou dans le futur; (3) persévérer dans l'atteinte des objectifs et si nécessaire réorienter sa démarche (espoir) pour obtenir le succès ; et (4) lorsqu'en proie à des problèmes ou à l'adversité, être capable

---

[8] Pour une présentation de ce concept : thèse « Contributions relatives du capital psychologique et de l'intelligence émotionnelle à la performance au travail et au bienêtre psychologique par Xiao Yan Sh
http://biblos.hec.ca/biblio/memoires/2013NO80.PDF

de les soutenir et rebondir même au-delà pour arriver au succès. »⁻₈

Permettez-moi une autre citation sur cette notion :

« *Nous pouvons définir les ressources psychologiques comme des dispositions stables qui aident les personnes à s'adapter au mieux au cours de leur vie, en les protégeant contre les effets délétères des événements néfastes et en assurant des niveaux optimaux de bien-être individuel. Ces ressources psychologiques agissent comme des facteurs de protection et ont des effets tampons contre le développement des troubles psychopathologiques*»[9].

Nous allons donc nous appuyer sur cette idée au fond relativement simple qu'il est possible de modifier le fonctionnement d'un individu (mais aussi d'un espace social) en introduisant ce type de ressources et si ces ressources ont pour objet et pour effet de produire du bien commun alors nous pouvons parler de ressources de citoyenneté.

- Ressources et graines de citoyenneté

La psychologie positive mobilise souvent la métaphore agricole. La notion de ressources est alors l'équivalent de la graine qu'il convient de faire pousser pour donner naissance à de magnifiques fruits. Nous pouvons ainsi comparer un individu, une organisation ou un espace social à un jardin. En s'intéressant au jardin qui donne de beaux fruits, nous pouvons mettre en évidence l'existence d'un certain nombre de graines plus efficaces. Si nous voulons fertiliser le monde social de

---

[9] CSILLIK, Antonia *Les ressources psychologiques. Apports de la psychologie positive*, 2017/10/11, éditions DUNOD

graines de sagesse, il nous faut développer une véritable expertise de la fertilisation (sélectionner les bonnes graines, les semer, les arroser, les récolter….).

À côté de cette notion de ressource, la psychologie positive nous met à disposition d'autres concepts permettant d'explorer la question de la nature des liens que nous tissons avec le monde.

2.1.3. Des liens positifs avec le monde

La notion de ressources exprime l'idée qu'il est possible de transformer le rapport aux mondes (aux différents mondes que nous habitons psychiquement) en activant certaines dispositions. Fondamentalement, ce que nous cherchons à comprendre, ce sont les méthodes et les moyens pour identifier et construire un certain type de lien entre un individu et un espace social, un lien entre un agent social et un champ.

Les graines que nous proposons ne visent donc pas à accumuler des biens économiques ou relationnels pour les faire fructifier dans un rapport capitaliste et instrumental au monde mais elles visent à faire naître des cordes pour faire vibrer le monde dans un rapport spirituel et sacralisé.

Les concepts de résonance[10] ou de *flow* peuvent nous donner à voir l'existence de tels liens d'une densité et d'une nature telles qu'ils structurent notre rapport au monde et sont capables d'enfanter des changements individuels mais aussi collectifs.

- Des liens qui font résonner le monde : la résonance

Hartmut Rosa, à travers son concept de résonance, propose une sociologie de la relation au monde et de la vie bonne. Cet outil

---

[10] Hartmut ROSA – Résonance - Broché – 13 septembre 2018

conceptuel vise à décrire un mode de relation au monde riche, parlant et vibrant.

Être en résonance avec le monde, c'est le rencontrer. C'est tisser un lien et vibrer avec lui. On peut trouver de nombreux espaces de résonance : le sport, la famille, l'amitié, la politique, le travail, la religion, la consommation, l'art, la Nature, et l'histoire, peuvent constituer des sphères de résonance. À l'opposé d'une relation résonnante se trouve le silence du monde. Une relation froide où rien ne se dit, où tout est instrumentalisé.

Si la notion de résonance porte en elle l'idée d'une vie bonne, la question de savoir si ce type de lien est source de citoyenneté reste posée même si on peut assez facilement concevoir qu'une relation résonante au monde peut trouver sa place dans l'œuvre du développement d'un *ethos* positif. Établir ce type de liens avec un espace social, c'est nécessairement s'inscrire dans un mode d'être au monde sensible, respectueux et protecteur. Lorsque le monde nous parle, lorsque nous le rencontrons véritablement, lorsque nous tissons un lien sensible et vibrons au son de la même musique alors s'ouvre à nous un espace d'humanisation. L'esprit de prédation, de destruction, de violence est contraire à cette capacité de résonance.

La notion de *flow* est un autre témoignage conceptuel de la possibilité d'une relation positive au monde.

- Des liens profonds : le *flow*

Csikszentmihalyi a étudié la notion de Flow que l'on peut définir comme «*un état mental atteint par une personne lorsqu'elle est complètement plongée dans une activité, et se trouve dans un état maximal de concentration, de plein engagement et de satisfaction dans son accomplissement.*

Fondamentalement, le flow se caractérise par l'absorption totale d'une personne dans son occupation »

Le peintre plongé dans son œuvre ou le sportif immergé dans son sport basculent dans un espace social spirituel spécifique. Lorsque ce type de lien se trouve activé, il nous ouvre des portes nous donnant accès à un espace différent, à un univers mental, émotionnel doté de ses propres lois. Au sein de cet espace, la notion de temps disparaît. La perception de soi se transforme dans une forme de dilution avec l'activité.

- Une révolution spirituelle du lien et de la relation au monde

Voilà ce qu'offre la psychologie positive : elle donne à voir la possibilité d'activer un mode de relation au monde dense et protecteur. Elle nous dessine le chemin qu'il nous faut parcourir pour tisser un lien source de progrès social, écologique et psychique.

Les liens que nous tissons avec le monde peuvent nous faire vibrer ou encore nous plonger dans un état optimum. Le capitalisme moderne cultive un lien instrumental, gestionnaire, économique et compétitif. Ce type de lien détermine la façon dont nous habitons nos espaces.

Tout l'enjeu de la transformation individuelle et collective de demain consiste à poser les germes d'une révolution du lien social et spirituel au monde. Le lien au monde que nous cherchons à produire sera très certainement résonant et dense. Il devra aussi être marqué par le sceau du progrès psychique, écologique, relationnel et spirituel.

Après avoir formulé le concept de positivité à l'aune de la notion de bien commun (le but) et après avoir examiné la question des moyens à travers la notion de ressource citoyenne, nous pouvons maintenant déployer la force du paradigme de la positivité citoyenne dans l'ensemble des espaces sociaux (processus) en proposant le concept de « citoyennisation ».

Ce processus de « citoyennisation » nous permet de désigner le sens que nous souhaitons donner à cette œuvre de transformation (recherche de la sagesse, du bien commun et de la citoyenneté) en sortant cette notion de positif du champ de la psychologie et du bonheur pour l'étendre à l'analyse des espaces sociaux.

2.2. Positivation et projet de citoyennisation

2.2.1. Citoyennisation

La « citoyennisation » désigne, donc, un processus ayant pour objet et pour effet d'accroître les forces de citoyenneté, d'orienter l'énergie individuelle et collective vers la recherche du bien commun dans l'ensemble des espaces sociaux. Elle ne vise pas simplement la moralisation d'un espace social (même si elle possède une dimension éthique et que la moralisation est donc l'une de ses composantes) mais elle recherche une croissance plus globale (la production d'un *ethos* impliquant un certain type de rapport au temps, aux autres, à soi, à la nature...) . La notion de « citoyennisation » vise les structures des espaces en les orientant vers la recherche du bien commun.

C'est donc, de mon point de vue – ou plutôt du point de vue de la science des ressources –le spiritualiser, le pacifier, le fraterniser, le fertiliser, le dynamiser... Nous pourrions

33

nommer différemment ce processus de « positivation ». Des expressions telles que « altruisation » d'un espace social, pacification sont autant de facettes pouvant donner corps à cette notion.

On ne peut que regretter la pauvreté du champ lexical quand il s'agit d'introduire des ressources positives notamment lorsque l'on compare avec la richesse intellectuelle et conceptuelle mobilisée pour décrire des processus de dégradation. En effet, nul mot pour traduire l'introduction de la confiance au sein d'un espace social : processus de « confianticiation » ? Ou encore comment qualifier l'introduction de ressources de sens au sein d'une organisation ? Spiritualisation ? Ré-enchantement ?

- « Citoyennisation » comme processus d'enrichissement des rapports sociaux et symboliques et mutation de notre économie psychique

À travers la notion de « citoyennisation », nous développons une approche large de la notion de citoyenneté, véritable processus d'enrichissement des rapports au monde.

« On peut concevoir une citoyenneté plus exigeante. Dans cette seconde visée, celle d'auteurs comme Rousseau et Hegel, par exemple, être citoyen, ce n'est pas simplement coexister pacifiquement avec d'autres sans les opprimer ni les léser, ou même en manifestant à leur égard une solidarité et une sympathie qui adoucissent les vicissitudes de l'existence. C'est vouloir partager avec eux des valeurs, des conceptions, un projet, des entreprises communes ; c'est, par conséquent, se sentir concerné par toute divergence, tout différend

d'appréciation et d'évaluation, dès lors qu'ils touchent la communauté entière, afin de les résorber. »[11]

Au fond, la notion de citoyenneté a pour ambition d'exprimer un lien avec la cité et donc avec l'Autre. Elle nous permet d'embrasser un grand nombre de concepts : confiance, coopération, bien commun, altruisme... chacun de ces concepts renvoyant à la construction d'une forme positive de relations aux autres et à la communauté.

Ce type d'évolution de notre économie psychique a déjà été appréhendé à travers la notion de civilisation.

- De la civilisation des mœurs à la « citoyennisation » des esprits

Norbert ELIAS a étudié le processus de civilisation des mœurs en montrant dans quelle mesure notre économie psychique a profondément évolué en rejetant de plus en plus profondément certains types de comportement (tortures....) à la cave de nos subjectivités. Au fil des siècles, notre économie psychique a été modifiée et a ainsi donné naissance à une nouvelle sensibilité.

« À partir du XVIe siècle, les émotions se font plus retenues : tuer, bâtonner, s'arracher les cheveux de désespoir, manifester sa joie ou douleur firent place à des manifestations intériorisées ; la paix, le calme croissent en même temps que l'uniformité et l'ennui. La naissance, la maladie, la vieillesse, la mort, la crise de l'existence humaine et presque tout ce qui concernait la sexualité y compris ce qui n'avait rien à voir avec elle se dissimule dorénavant derrière des murs, des coulisses. Selon Elias, la civilisation progressive des mœurs a essentiellement consisté à accroître le contrôle sur tout ce qui

---

[11] Galichet, François. « La citoyenneté comme pédagogie : réflexions sur l'éducation à la citoyenneté ». Revue des sciences de l'éducation, vol. 28, no 1, 2002, p. 105-24.
www.erudit.org

tient à la nature animale de l'homme, refoulé soit vers les coulisses de la scène sociale (découpage des viandes à la cuisine, satisfaction des besoins naturels en des lieux ad hoc), soit vers le privé (sommeil, rapports sexuels). Ce refus progressif du corps est intériorisé par les individus au cours de la socialisation familiale, qui règle efficacement et définitivement l'affectivité de l'enfant, de sorte qu'en chaque individu s'accomplit en raccourci un processus qui a duré des siècles. »[12]

En quelques centaines d'années, nous avons véritablement vu s'opérer une mutation anthropologique aboutissant à la naissance d'un individu <u>plus sensible</u> au spectacle de la douleur, aux odeurs...

D'une certaine façon, il est possible que le processus de « citoyennisation » dont il est question dans cet ouvrage constitue une étape supplémentaire dans un long et lent processus de construction d'une humanité plus grande, plus sage et plus sensible.

- Vers une civilisation de l'empathie

Certains auteurs[13] ont approfondi la thèse de Norbert ELIAS en développant une lecture des mutations sociales à la lumière de la notion d'empathie. Ils ont ainsi vu, derrière les visions médiatiques violentes du monde moderne, se dessiner un chemin plus discret mais puissant d'une évolution civilisationnelle de grande ampleur pouvant s'apparenter au franchissement d'un stade de développement supplémentaire et aboutissant au déploiement d'une société de l'empathie.

---

[12] Jaccard, Roland. L'exil intérieur: schizoïdie et civilisation. PUF, Presses universitaires de France, 2010.
[13] Rifkin, Jeremy, et al. *Une nouvelle conscience pour un monde en crise: vers une civilisation de l'empathie*. Actes Sud ; [Leméac, 2012 ou encore Lecomte, Jacques. La Bonté Humaine. Altruisme, Empathie, Générosité. Odile Jacob, 2014

Voici ce que Jérémy Rifkin répond lorsqu'il est questionné sur les liens entre l'histoire du monde et l'histoire du développement de l'empathie[14] :

« Quand j'ai commencé mes recherches sur le sujet, il y a sept ans, je me suis posé une question : est-ce que notre conscience humaine a changé à travers l'histoire ? Ce que les historiens nous en disent ne m'a pas tellement aidé. Car les livres d'histoire sont remplis de guerres, de luttes et de catastrophes ; pour une raison bien simple, c'est qu'elles retiennent notre attention. Je crois, et c'est la thèse principale de mon livre, que les consciences changent quand se produisent, conjointement, une révolution de la production d'énergie et une révolution des communications. Les nouvelles sources d'énergie nous permettent de modifier notre environnement social - de passer du village à la vie urbaine, par exemple - et de rendre celui-ci plus vaste et plus complexe. Mais cette nouvelle organisation exige des capacités de communication à la hauteur. Quand les deux se combinent, c'est bien tout notre rapport à l'espace et au temps qui change, notre modèle de civilisation. Et notre empathie qui s'élargit ».

La « citoyennisation » est un processus ayant pour objet et pour effet de densifier nos différents rapports au monde. Notre vie se structure autour de notre rapport aux autres, à la réussite, au pouvoir, à la reconnaissance, à la nature...

Œuvrer au développement d'un *ethos* citoyen nécessite de se saisir de chacun de ses rapports pour le peindre aux couleurs de la citoyenneté.

---

[14] « Jeremy Rifkin, philosophe : "Sans empathie, nous sommes foutus" ». *Télérama.fr*, https://www.telerama.fr/idees/sortir-de-l-egoisme-pour-sauver-la-planete,68939.php. Consulté le 7 janvier 2019.

La constellation des rapports au monde

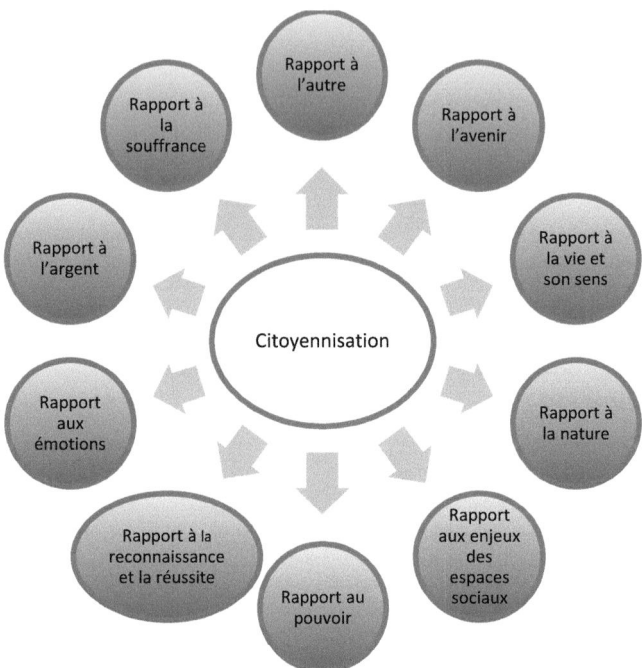

En prolongement de la thèse de Norbert ELIAS ou des travaux sur l'empathie de Jérémy Rifkin, nous pouvons concevoir le processus de « citoyennisation » comme un stade de développement supplémentaire. **Après le monde de la brutalité est apparu celui de la civilisation et demain, doit venir celui de « altruisation » du monde.**

- Processus de « citoyennisation » comme stade de développement

Chacun de nos rapports au monde peut être éclairé à la lumière de la notion de stade de développement mettant, ainsi, en évidence, la possibilité d'une œuvre de progression sur un chemin allant du primaire stade de violence vers un niveau supérieur de civilisation. Chacun de nos modes d'être au monde peut évoluer sur un axe de citoyenneté pour sortir de la nuit de la violence et tendre vers la lumière de la pacification du monde. Il devient alors possible de décrire chacun de ces rapports à travers le concept de « citoyennisation » et voir se dessiner un *ethos* citoyen.

	Stade de développement primaire	Stade de développement civilisé	Stade de développement citoyen
Rapport à l'autre	Exercice de violences Maltraitances	Pacification Respect Courtoisie	Entraide Coopération « Positivation » de la relation
Rapport à l'avenir	Vision de court terme « Après moi le déluge »		Prise en compte des conséquences de nos actions sur les générations futures
Rapport à la vie et son sens	Enfermement existentiel dans les enjeux des espaces sociaux		Poursuite de finalités supérieures de nature spirituelles
Rapport à la nature	Destructeur	Instrumental Protecteur	Sacré
Rapport au pouvoir	Exercice toxique Toute puissance	Respect	Leader serviteur
Rapport à la reconnaissance et la réussite	Soumission aux normes sociales de réussite matérialiste	Développement de voies de reconnaissance selon un cercle de bientraitance faible	Développement des voies de reconnaissance relationnelle large : altruisme, coopération
Rapport aux émotions	Enfermement dans ses prisons émotionnelles	Régulation des formes les plus violentes	Emancipation émotionnelle
Rapport à l'argent	Quête sans fin		« Citoyennisation » de l'usage de l'argent
Rapport à la souffrance, à la mort	Déni de toute souffrance		Acceptation, croissance post-traumatique

- L'exemple de l'univers routier : de la violence routière à la « citoyennisation » de la route

Pour bien comprendre cette notion de « citoyennisation », appliquons-la à l'univers routier.

Cet espace est un fantastique observatoire de certaines dimensions de l'économie psychique des individus et son potentiel d'évolution. Pour faire advenir le processus de civilisation de la route, il a fallu déployer une formidable technologie sociale. Il a fallu ainsi inscrire dans nos esprits une certaine conception du danger. Nous avons réussi à fabriquer socialement un *ethos* routier relativement civilisé, fondamentalement différent aujourd'hui de ce qu'il était il y a 20 ans. Pour s'en convaincre, il suffit de nous replonger dans l'état d'esprit d'un conducteur ordinaire de l'époque. Il pouvait ne pas porter la ceinture de sécurité sans que cela suscite la moindre gêne. Aujourd'hui, nous avons tellement intériorisé ce risque qu'une angoisse nous saisit relativement vite. Cette transformation de *l'ethos* routier s'est opérée sous le poids du déploiement d'une technologie sociale et politique puissante. Il est évident que le pouvoir politique ne s'est pas contenté d'un appel à une évolution des mentalités pour espérer que les vitesses de la route soient respectées (radar automatique…..). Une technologie sociale nous a fait intérioriser psychiquement les enjeux sociaux et humains de la route.

Le processus de « citoyennisation » va plus loin que la « simple » pacification. Il a pour objet de densifier le rapport à l'autre. Il vise à franchir un pas de sensibilité supplémentaire. **La civilisation de la route vise à prévenir les violences les plus meurtrières. La « citoyennisation » de la route a pour objet de promouvoir un rapport bientraitant, d'entraide et écologique au sein de l'univers routier.**

Si l'univers routier est un espace où la question de la civilisation a été traitée de façon relativement approfondie, c'est loin d'être le cas dans l'ensemble des autres espaces sociaux et encore moins lorsqu'il est question de « citoyennisation ». Cela ne signifie pas qu'il n'existe pas des tentatives dans ce domaine mais elles peuvent apparaître, à bien des écarts, limitées, insuffisantes et inefficaces au regard notamment des enjeux environnementaux et sociaux qui sont les nôtres.

Examinons maintenant les formes que peut revêtir le processus de fabrique de la citoyenneté dans la société contemporaine. Autrement dit, nous allons explorer la question de la croissance psychique dans un monde néolibéral.

Si nous voulons déployer une nouvelle forme de technologie sociale de la « citoyennisation » du monde, intéressons-nous aux outils déjà existants dans ce domaine. Cette analyse permettra, en effet, de mieux saisir les différentes dimensions de ce concept et de mieux percevoir les limites actuelles des processus à l'œuvre (rendant ainsi l'action politique indispensable).

2.2.2. Grandir dans un monde néolibéral

Notre société actuelle nous fait grandir sur de nombreuses dimensions. Elle nous éduque. Elle nous socialise. Elle nous civilise. Et même si les discours médiatiques peuvent parfois nous faire douter de ce processus de croissance psychique, nous serions aveugles en refusant le constat que derrière ces visions se cachent des processus de progrès civilisationnels. Ces progrès sont partiels, limités à certaines dimensions de notre économie psychique, variables selon les individus et les époques mais ils ne sont pas nuls.

Ils peuvent emprunter plusieurs voies.

- 1ère voie de « citoyennisation » : grandir en fréquentant les espaces sociaux

Nous fréquentons de multiples espaces et endossons de nombreux rôles. Chacun de ces espaces travaille notre subjectivité en nous invitant à cultiver certaines dispositions. Nous pouvons observer chaque espace à travers le type de subjectivité qu'il tente de faire éclore.

Le champ sportif fabrique des sportifs et le champ politique des professionnels de la politique. Le champ religieux nous transmet d'autres formes de dispositions psychiques. Il existe certainement au sein de chacun de ces héritages dispositionnels des graines de citoyenneté mais aucun de ces espaces n'a pour principale finalité la fabrique du bien commun. Ces univers peuvent parfois être peuplés de grands hommes, d'hommes bons, de femmes d'exception… mais <u>le sens profond du travail social sur l'intériorité institué au sein de chacun de ces espaces n'a rien à voir avec le bien commun</u>. <u>Notre subjectivité est travaillée au sein de différents espaces sociaux en fonction des différentes lois régissant ces espaces et les enjeux qui leur sont spécifiques.</u>

Cela pose la question de la maturité et des structures des espaces sociaux (et des organisations) dans lesquels nous évoluons ou travaillons. Pour permettre le développement humain et social, il faut que l'espace social dispose d'une maturité et de structures suffisantes pour qu'il puisse, dans une certaine mesure, mettre à distance des finalités spécifiques de son champ pour accorder de l'importance voire privilégier les enjeux extérieurs à son espace comme le développement humain de ces collaborateurs ou encore la protection de l'environnement. En réalité, il s'agit souvent d'une mise à distance secondaire car nul doute que sur le moyen long terme l'émergence de la figure du collaborateur citoyen offre de multiples bénéfices aux organisations (bénéfices en termes de motivations, de compétences, de créativité….[15]).

Mais force est de constater qu'il ne faut pas attendre des espaces sociaux qu'ils aillent trop loin sur ce chemin. Cela reviendrait à attendre de l'univers sportif qu'il invite ses agents à prendre de la distance vis-à-vis des enjeux du sport. Il existe une dimension du développement humain qui n'a rien à voir avec les enjeux du football ou de l'organisation dans laquelle je travaille. Il existe une dimension du développement qui n'a rien à voir avec chaque espace social. Et c'est d'ailleurs bien le cœur de la question.

- 2ème voie de « citoyennisation » : grandir dans sa famille

L'éducation familiale est l'une des principales voies de construction du rapport à l'autre et donc de l'apprentissage de la citoyenneté. C'est dans cet espace que se construit ma conception de la violence, le seuil d'acceptabilité de cette violence et plus globalement c'est dans cet espace que s'inculque les pratiques de bientraitance et que chaque individu intériorise les formes de sensibilité à l'autre.

Même s'il existe des normes éducatives dans lesquelles nous devons « nécessairement » nous inscrire en tant que parent, chaque famille dispose d'une marge de manœuvre pour déterminer le type de rapport à l'autre qu'elle souhaite transmettre. Il est d'ailleurs probablement arbitraire de parler de « marge de manœuvre » tant chacun, dans ce domaine, est

---

[15] Pour une synthèse des arguments sur ce sujet : « Lecomte, Jacques. Les entreprises humanistes: comment elles vont changer le monde. 2016 »

soumis à de multiples déterminations. Chacun fait ce qu'il peut avec ce qu'il a reçu. Il existe certainement des familles pour lesquelles le modèle éducatif et les pratiques sont une véritable école de citoyenneté mais il existe autant de familles qui peuvent éduquer à toutes les formes de violences, véritable machine à transmettre de la haine.

Nul ne peut garantir que chaque parent dispose d'un capital de sagesse suffisamment grand pour transmettre une conception exigeante et dense du rapport à l'autre.

Dans son ouvrage «-*Etre humain en système capitaliste* »[16], Brugvin Thierry fait de la voie familiale le principe structurant de la transmission des dispositions psychiques en se fondant sur une approche principalement psychanalytique. Il dessine, ainsi, un paysage d'évolution des consciences individuelles et collectives centré autour de la capacité des individus à s'émanciper de l'héritage familial pour réussir à progresser et, ainsi, transmettre un héritage psychique meilleur que celui dont ils ont hérité. D'une certaine façon, le progrès d'une société pourrait se lire à travers la progression des consciences de chaque individu, elle-même déterminée par la capacité à s'émanciper de la transmission de la structure psychique des parents, à faire croître l'héritage familiale. Le progrès de la société serait donc déterminé par la capacité de progression des individus avant de devenir parent. Une fois parent, la fenêtre serait fermée. Nous transmettrions alors un certain type de structures avec un niveau de développement désormais stabilisé.

Retenons, au final, que les familles peuvent constituer de fantastiques couveuses pour donner naissance à de magnifiques citoyens mais chacun fait avec ce qu'il a reçu et ses immenses fragilités.

---

[16] Brugvin (Thierry), Être humain en système capitaliste ? l'impact psychologique du néolibéralisme, Editions Yves Michel, Paris, 2015.

Explorons une autre voie de croissance psychique

- 3ème voie de « citoyennisation » : grandir grâce à la culture

C'est grâce à l'acquisition d'un capital culturel que l'on peut acquérir des capacités de symbolisation, mettre en place les mécanismes de sublimation de toutes nos pulsions mortifères et mettre à distance les formes de violences. Nous le croyons ou faisons semblant de le croire. Il est probable que l'acquisition d'une forme de culture participe à la fabrication d'individus œuvrant au bien commun. La littérature, l'histoire, la culture, l'art, la politique dans son ensemble participent incontestablement à la fabrique sociale d'une citoyenneté partagée.

Ce lien est-il aussi puissant que nous le pensons ?

D'une part, il n'est pas toujours facile de faire clairement la distinction entre l'œuvre émancipatrice de la culture et sa dimension distinctive politiquement et socialement. En effet, tous les groupes sociaux disposent d'une culture spécifique mais lorsqu'il est question d'émancipation, nous parlons souvent de la grande culture, d'une certaine forme de culture socialement dominante. Dans quelle mesure l'art est-il un outil d'émancipation ou permet-il à des individus de se distinguer socialement à travers la maîtrise d'un capital culturel ? La culture exclut et violente autant qu'elle pacifie.

D'autre part, même si nous acceptons l'idée qu'à l'intérieur de la palette des cultures possibles il existerait une forme de culture civilisatrice, pacificatrice, plus noble, capable de nous émanciper, la question suivante demeure : les individus cultivés sont-ils nécessairement des individus œuvrant à la poursuite du bien commun ? Chacun a pu faire l'expérience que la possession d'une culture ne rime pas forcément avec sagesse. L'histoire regorge de monstres cultivés. Je peux apprendre l'histoire, l'art, la littérature tout en continuant à cultiver de profondes pulsions de mort, d'agressivité, être dépourvu d'empathie, me moquer de l'avenir de la planète. À l'inverse, il existe des individus ne maitrisant pas les codes de la haute culture (sans une certaine forme de culture) mais habités par le sens de l'intérêt général.

Un individu citoyen n'est donc pas nécessairement cultivé ou plutôt il l'est d'une autre façon. Il est façonné d'une **culture de paix**. Il dispose d'un capital culturel pacificateur et civilisateur. Il s'agit donc d'ajouter d'autres dimensions à cette culture permettant d'inscrire chaque citoyen, dans la recherche du bien commun. Si la culture se veut civilisatrice et pacificatrice, source de bien-être individuel et collectif, elle doit être étendre son champ d'intervention et englober des voies complémentaires : les compétences de paix[17]. Autrement dit, si nous souhaitons établir des ponts entre la culture et l'éclosion de la citoyenneté, il nous faut nous pencher plus précisément et scientifiquement sur les différents processus culturels pouvant avoir des effets de pacification du monde. Quels sont les objets culturels porteurs de graines de citoyenneté ?

Les religions nous invitent parfois à cheminer vers la recherche du bien commun.

---

[17] Pour une liste des compétences de paix se reporter à l'annexe de cet ouvrage. « Dictionnaire - Paix/Éducation». Français, 19 août 2015,
http://www.grainesdepaix.org/fr/ressources-de-paix/dictionnaire-paix-education.

- 4ème voie de « citoyennisation » : grandir grâce à la religion

Les religions ont pu également revendiquer la fabrique d'un individu disposant d'une âme et d'un projet de vie en conformité avec la doctrine religieuse, elle-même se revendiquant au service du bien commun. Outre, qu'aujourd'hui la puissance de l'institution religieuse s'est largement affaiblie, l'histoire montre que *l'ethos* religieux ne peut être assimilé à *l'ethos* citoyen. Il a pu être à l'origine de multiples massacres et, encore aujourd'hui, il contribue à la fabrique d'un *ethos* radical pouvant enfanter les pires monstruosités. Naturellement, certains chemins de la religion peuvent nous emmener sur la voie de l'intérêt général, de la bientraitance et du respect de l'autre mais cette voie ouvre aussi d'autres portes beaucoup plus sombres et terrorisantes.

5ème voie de « citoyennisation » : grandir grâce au développement personnel

La société contemporaine nous met également à disposition une extraordinaire diversité d'outils de développement personnel. Une partie de ces théories et pratiques ont vocation à faire grandir l'individu. Ce type d'approche est toutefois centré (et c'est bien normal car c'est sa vocation première) sur les dimensions psychiques et individuelles du développement. Elles se fondent essentiellement sur l'idée de la croissance d'un individu centré sur lui-même. Le but de ce type de démarche est à trouver du côté du bonheur individuel. Si de tels objectifs ne sont pas complètement étrangers à la notion de bien commun, ils ne les épousent pas. Pour le dire autrement et simplement, un individu citoyen et bientraitant n'est pas nécessairement un individu heureux et encore moins un individu centré sur ses propres intérêts. C'est avant tout un individu travaillant à faire advenir un monde meilleur.

Que retenir de l'examen de toutes ces voies de « citoyennisation » ?

- Des processus de croissance limités

Fort heureusement la société contemporaine propose d'ores et déjà des outils et des voies permettant d'œuvrer au développement du paradigme du bien commun. La culture, l'éducation, la religion ou le développement personnel sont des chemins possibles.

Chacun de ces espaces de croissance sont hélas des auberges espagnoles. Nous n'y trouvons que ce que nous y déposons. Si vous êtes habité par un rapport social de haine ou si vous baignez dans un espace qui cultive ce type de rapport alors la famille, la religion ou la culture se mettront au service de ce projet. La véritable voie de « citoyennisation » est une œuvre d'émancipation.

Au fond, nous pouvons retenir que sur les voies de développement humain actuelles, on peut rencontrer parfois le bien commun mais pas toujours. Les empreinte qui veut (pas toujours ceux qui en ont le plus besoin) et la rencontre avec le bien commun est fortuite (on y rencontre aussi l'obscurantisme…).

<u>Pour boire à la source du développement humain, il faut déjà avoir soif de croissance. À cette source on peut y boire n'importe quelle eau et peut-être même se faire empoisonner si nous n'y prenons garde.</u>

Qui se soucie vraiment de la production de ce breuvage de citoyenneté pourtant indispensable à la construction d'une société pacifiée et harmonieuse ? L'Etat ?

- En État qui fait grandir ? - *Ethos* national et *ethos* positif

L'État est, en effet, l'institution ayant en charge les services publics et les enjeux de l'intérêt général. L'Etat est une institution complexe et mouvante : à la fois « Etat-Nation » cultivant des dispositions nationales et « Etat-social » œuvrant au déploiement de nombreuses formes de solidarités et demain peut-être « Etat écologique », se faisant protecteur de l'environnement....

L'Etat qu'il nous faut saisir dans le cadre nos travaux est celui qui œuvre à la fabrique des dispositions : l' « Etat éducateur ». Lorsque l'on porte notre regard sur cet Etat en observant la réalité des processus de transmission à travers notamment l'examen des programmes scolaires, on constate que l'Etat cultive une certaine conception de la citoyenneté étroitement liée au champ national. Il s'agit avant tout de fabriquer un citoyen français, de produire un *ethos* du champ national. Nous aurions tort d'établir une totale fusion entre les intérêts du champ national (*ethos* du citoyen français) et *l'ethos* positif. À une certaine époque, l'État a même travaillé à faire émerger des dispositions guerrières susceptibles, selon lui, de servir l'intérêt général ou plutôt l'intérêt national. Ce débat pose la question de la fusion des intérêts nationaux et du bien commun. La seconde guerre mondiale et ses nationalismes a enfanté les pires monstres que la terre ait jamais connu et les parents de ces monstres sont en partie les Etats Nations.

- Le besoin social d'une croissance psychique d'une autre nature

Au final, aucun espace social n'a en charge véritablement la question de la fabrique du bien commun. Chaque espace cherche à faire de nous quelqu'un de meilleur mais au regard de ses enjeux : un meilleur français, un meilleur ouvrier, un meilleur parent, un meilleur élève...Nous pouvons trouver sur ce chemin quelques sources de citoyenneté mais l'eau qui coule à ces sources ne vise pas à nourrir ce type de dispositions psychiques.

Nous sommes socialisés pour répondre à des attentes spécifiques à des espaces sociaux notamment l'univers professionnel. Nous sommes civilisés pour contenir notre violence et intérioriser la nécessité de réguler les formes d'expressions les plus grossières et dangereuses de cette violence mais nous ne sommes pas « travaillés » pour cultiver de l'empathie, de l'altruisme ou de la sagesse environnementales. Ou plutôt disons simplement que l'ensemble de ces processus de travail de l'intériorité se révèle aujourd'hui insuffisant face aux défis environnementaux. Pour répondre à ces enjeux où il est question de fin du monde, il faut cultiver des dispositions bien plus puissantes.

Dans ce chapitre, nous avons pu proposer une première incursion du paradigme « positif » au sein des sciences sociales et définir le concept de « citoyennisation ». Nous allons, dans le chapitre suivant, faire un pas supplémentaire et nous faire transformateur. Nous allons aller puiser dans les sciences sociales des outils et des concepts complémentaires permettant d'engager effectivement ce processus de « citoyennisation ». Autrement dit, si le premier chapitre avait vocation à décrire le chemin, le second chapitre a pour objet de nous donner à voir les véhicules qu'il faut utiliser pour avancer sur ce chemin. Nous allons pour cela aller puiser dans la théorie de Pierre Bourdieu et sa compréhension du monde social. Pour faire en sorte que notre voiture sociale roule sur le chemin du bien commun, il nous faut ouvrir le capot et en comprendre la mécanique. C'est en cela que les sciences sociales peuvent nous être utiles. Et dans ce domaine, Pierre Bourdieu était un merveilleux mécanicien du social.

3.

La fabrique sociale des âmes

3.1. Pierre Bourdieu, une théorie du monde social

Permettez-moi une brève présentation de quelques concepts de Pierre Bourdieu utiles à notre démonstration. Dans ce domaine, je renvoie aux nombreux travaux de vulgarisation de ses théories et notamment à l'excellent ouvrage d'Alain Accardo[18] apportant un éclairage accessible à tous.

Pierre Bourdieu a développé une théorie du monde social, une grille de lecture de la réalité du fonctionnement des univers sociaux. Cette théorie propose des outils pour établir des ponts entre le fonctionnement des champs sociaux et les personnalités sociales (*habitus* ou *ethos*) des agents fréquentant ces espaces. En dévoilant certains aspects de la fabrique sociale des dispositions individuelles, Pierre Bourdieu nous met implicitement à disposition une méthode pour fabriquer des dispositions citoyennes. Les travaux de Pierre Bourdieu ont principalement été consacrés à la production d'un savoir critique. Il a ainsi dénoncé les mécanismes de domination sociale et les violences symboliques. Nous proposons de mobiliser ces outils forgés pour dénoncer à des fins de construction positive du monde.

3.1.1. Notion de champ comme univers de sens

Le monde social peut se décrire sous forme d'espaces sociaux que Bourdieu nomme « champs ». Ce sont des univers sociaux spécifiques, plus ou moins autonomes. On peut parler, ainsi, du champ économique, du champ politique, du champ sportif, du

---

[18] ACCARDO Alain, *Introduction à une sociologie critique: lire Pierre Bourdieu.*, Agone, 2006.

champ journalistique, du champ intellectuel, du champ religieux…

Pour comprendre un champ, il faut porter son regard sur les agents qui y participent, sur les atouts dont il dispose (les capitaux), sur l'autonomie de cet espace et sur les lois qui le régissent. Il faut saisir le fonctionnement de ce champ et ses enjeux.

Chaque champ dispose de ses propres lois et de ses propres enjeux, de ses propres dieux. Les lois d'un espace social sont en partie accessibles en répondant aux questions suivantes :

- Quels sont sur les principes qui distinguent l'acceptable de l'inacceptable ?
- Quels sont les principes de division du champ ?
- Qu'est-ce qui différencie le noble du moins noble ?
- Qu'est-ce qui permet de dire qu'une région fait partie de ce champ ?
- Quelles sont les limites à ne pas dépasser sous peine d'exclusion ?
- Après quoi courent les agents au sein de ce champ ?
- Quelles sont les modes de consécration ?
- Quelles sont les mécanismes de contrôle mis en place pour faire respecter les lois du champ ?
- Quels sont les profits possibles au sein de cet espace ?

Fondamentalement un champ est un espace de lutte et de conquête de position. Chaque agent essaye d'améliorer sa position pour obtenir plus de gratification, de prestige, de rémunération… bref plus de profit offert par le champ.

« Un champ est un espace social structuré, un champ de forces – il y a des dominants et des dominés, il y a des rapports constants, permanents, d'inégalité qui s'exercent à l'intérieur de cet espace – qui est aussi un champ de luttes pour

transformer ou conserver ce champ de forces. Chacun, à l'intérieur de cet univers, engage dans sa concurrence avec les autres la force (relative) qu'il détient et qui définit sa position dans le champ et, en conséquence, ses stratégies »[19]

Prenons l'exemple du champ scolaire et à l'intérieur, l'espace social spécifique des professeurs. Cet univers a ses règles du jeu (concours d'entrée, évolution de carrière, rémunération selon le statut et l'ancienneté…). Chaque agent intériorise les enjeux de l'espace (être un bon professeur, accumuler de l'ancienneté, construire certains types de relations avec les familles…). Il est possible d'obtenir des gratifications en termes de rémunération, de prestige ou de mobilité géographique. Il existe des dominants et des dominés (collèges prestigieux, matières prestigieuses *versus* collèges difficiles, matières moins nobles scolairement comme le sport). Au sein du monde des professeurs, on peut observer la présence d'un « capital professoral » spécifique (type de matière, niveau, statut, compétences, ancienneté, relations, charisme…). La valeur de ce capital fait l'objet de lutte (opposant par exemple les partisans des promotions à l'ancienneté à ceux favorables à la reconnaissance du mérite).

Le champ scolaire ne se résume pas à l'espace des professeurs. On peut ouvrir la focale plus largement et observer d'autres régions de cet espace comme le champ de grandes écoles. Enfin, ce champ participe à façonner les agents, à cultiver certaines dispositions, ce que Bourdieu appelle des *Habitus*. Il produit un *ethos* du professeur.

---

[19] Sur la Télévision – Pierre Bourdieu – Edition BROCHE - 1996

3.1.2. L'HABITUS - vision sociale de notre être

Le champ exerce une influence sur la façon dont les agents doivent se comporter et même sur ce qu'ils finissent par être. Ainsi, les agents développent un certain nombre de dispositions qui leur permettent de naviguer dans cet univers ou, autrement dit, d'être comme « un poisson dans l'eau ». Ces dispositions sont perçues comme des traits de caractères mais elles possèdent une dimension sociale. Elles peuvent venir former un tout cohérent et prendre le nom *d'habitus*. *L'habitus*, c'est notre façon de voir le monde, de sentir, de ressentir. L'image souvent donnée par Bourdieu est celle du sens du placement du joueur de tennis qui agit « par corps » en ayant complémentent intériorisées les lois du champ.

« L'habitus est le produit du travail d'inculcation et d'appropriation nécessaire pour que ces produits de l'histoire collective que sont les structures objectives (e. g. de la langue, de l'économie, etc.) parviennent à se reproduire, sous la forme de dispositions durables, dans tous les organismes (que l'on peut, si l'on veut, appeler individus) durablement soumis aux mêmes conditionnements, donc placés dans les mêmes conditions matérielles d'existences. » [20]

La notion *d'habitus* se rapproche de la notion *d'ethos*.

L'ethos est autre notion importante à saisir. Chez Lalive d'Épinay[21], le concept est défini comme « un système de

---

[20] Bourdieu, (Pierre), *Esquisse d'une théorie de la pratique: précédé de Trois études d'ethnologie kabyle*. 2015.
[21] Thèse de doctorat de Marie-Pierre Bourdages-Sylvain, Les facteurs de changement de l'ethos contemporain du travail, Québec, Université Laval, 2008. Sur le concept d'ethos du travail, Christian Lalive d'Épinay, « Les fondements mythiques de l'ethos du travail : Contribution à une théorie du mythe dans la société moderne », Archives de sciences sociales des religions, vol. 36, n° 75, 1991, p. 153-168.

croyances, valeurs et modèles d'un type de société ou d'un groupe social, système qui oriente et balise le comportement individuel ou collectif ».

Les notions *d'habitus* ou *d'ethos* remettent en cause l'idée que ce qui nous constitue au plus profond de nous découlerait de dispositions psychologiques innées. La notion *d'habitus* c'est tout le social que nous portons. Le champ fabrique les *habitus* et les *habitus* fabriquent également les champs.

Les notions d'ethos ou d'habitus permettent de dresser un pont entre les structures d'un espace social et les dispositions psychiques des agents. Elles donnent à voir dans quelle mesure les espaces sociaux façonnent les rapports au monde (rapport à la réussite, rapport à soi, aux autres, rapport aux risques, aux changements, rapport au travail, à l'entreprise, à l'autorité, à la hiérarchie, rapport à la souffrance, au temps, à l'avenir, rapport au corps…).

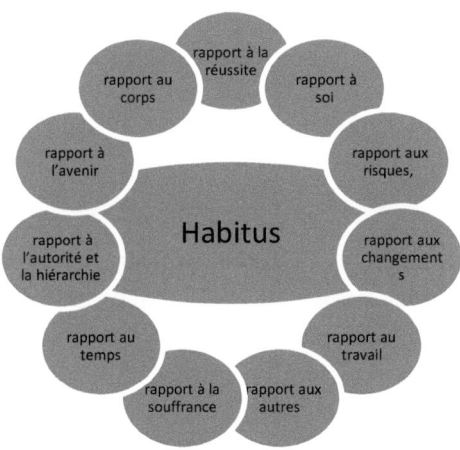

À côté de la notion *d'habitus*, on peut trouver la notion de « capital » comme autre concept au cœur de la théorie de Pierre Bourdieu.

3.1.3. La notion de capital

Au sein de chaque espace social, les agents peuvent mobiliser certains types de ressources pour tenter de gagner des positions ou des avantages. Tous les champs ne sont pas sensibles aux mêmes types de capitaux. Ainsi, il est inutile de faire preuve d'esprit littéraire dans le champ sportif. La réussite au sein de cet espace implique la maîtrise et donc la possession de capital physique, sens du placement, vision...

Dans une certaine mesure, un type de capital peut être transférable d'un champ à un autre (le capital économique permet de réussir dans de nombreux secteurs professionnels...).

La valeur d'un capital n'est pas fixée une fois pour toute mais peut évoluer dans le temps. Les agents luttent pour que les capitaux qu'ils détiennent prennent de la valeur. Cela leur permet d'améliorer leur position au sein du champ.

Pierre Bourdieu distingue plusieurs formes de capitaux : le capital économique, le capital culturel, le capital social et le capital symbolique.

Nous mobilisons assez spontanément une représentation du capital centrée autour de ses dimensions économiques et relationnelles. Nous pouvons, en effet, aisément comprendre la force et la puissance du capital économique et du capital relationnel. L'argent ou encore le réseau constitue les figures dominantes de la notion de ressources au sein de notre imaginaire. Et nul ne peut contester l'idée que la possession de ce type de ressources est susceptible de procurer certains avantages. À côté de ces formes traditionnelles de capital,

Pierre Bourdieu met évidence des formes plus subtiles de capitaux notamment culturels et symboliques. Des ressources peuvent exister, en effet, sous forme de dispositions intériorisées (aisance sociale, capacité à parler en public, savoirs nobles, norme de civilité...). Le capital peut donc avoir une dimension dispositionnelle (capital culturel intériorisé). Notre *habitus* ou notre *ethos* peut, dans certaines circonstances et dans certains espaces, constituer une ressource. Cette forme de capital pose des questions spécifiques. Il ne peut pas faire l'objet des processus d'accumulation et de transmission identique au capital économique ou relationnel.

« Le capital culturel, qui disparaît avec la mort de son détenteur, ne peut pas être transmis instantanément par le don ou la transmission héréditaire, l'achat ou l'échange. Il exige un travail d'inculcation et un travail d'assimilation, travail du sujet sur lui-même qui coûte du temps : il se cultive. A la différence du capital économique, celui qui le transmet ne s'en défait pas et il peut le transmettre plusieurs fois au cours de son existence[22].

Pierre Bourdieu inscrit la notion de capital au centre du fonctionnement d'un espace social. Il est le moteur qui fait tourner la mécanique sociale.

La notion de capital possède indéniablement une dimension individuelle qui se traduit à travers la notion de dispositions mais il prend véritablement son sens en le mettant en relation avec les règles de fonctionnement de cet espace et la valeur que ce type de capital possède au sein du champ. Un capital culturel intériorisé ne doit pas uniquement se concevoir sous forme de dispositions psychologiques. Il est aussi une forme de

---

[22] MAUGER (Gérard), « Qu'est-ce que transmettre ? Capital culturel et reproductions scolaire» Hors-série n° 36 - Mars/avril/mai 2002.

« monnaie » individuellement possédée et collectivement construite par un groupe social.

3.1.4. Ethos, capital et transformations

En offrant cette description des différents espaces sociaux, Pierre Bourdieu met à notre disposition une boîte à outils conceptuelle et pratique permettant d'agir sur le fonctionnement des espaces sociaux. Les concepts de capital et d'ethos peuvent ainsi devenir des forces de transformation du réel.

Ces concepts éclairés à la lumière de la question citoyenne nous ouvrent de nouveaux espaces de questionnements.

- Si nous pouvons établir des liens entre des structures sociales et des formes de subjectivités, est-il possible de produire une forme positive de subjectivité que nous appellerions « la subjectivité citoyenne » ?
- Est-il possible d'identifier des formes de ressources que l'on pourrait qualifier de positives ? Quels contenus pourrions-nous donner à ce capital de citoyenneté ?
- Peut-on évaluer l'impact de certaines formes de capitaux sur le fonctionnement d'un espace social et ainsi mettre en évidence des régimes de positivité ?
- Comment pouvons-nous modifier le fonctionnement de certains espaces sociaux pour que certaines ressources acquièrent de la valeur et viennent œuvrer à la construction d'un ethos positif ?

Nous allons tenter d'apporter quelques réponses à l'ensemble de ces questions et pour commencer, nous allons éclairer le concept d'*habitus* et de capital à la lumière de la science positive. Ces notions peuvent devenir des ressources de transformation en se faisant capital de citoyenneté et ethos citoyen.

3.2. De l'habitus à l'ethos citoyen

Nous avons vu à travers le concept d'ethos que nous pouvions établir des ponts entre des structures psychiques et des structures sociales. L'étude des évolutions de notre économie psychique en lien avec un contexte social est un thème central et fondateur de la sociologie (« le suicide » de Durkheim).

De nombreux auteurs se sont penchés sur la question de la fabrique sociale des dispositions et ont ainsi exploré le thème des métamorphoses de l'individu contemporain[23]. Force est de reconnaître que l'analyse sociale des évolutions des formes de subjectivités contemporaines nous dessine une figure empreinte de négativité de l'individu contemporain. Si les sciences sociales se sont penchées sur les mutations contemporaines de l'individu, c'est avant tout pour en dénoncer les dérives.

---

[23] Quelques exemples de travaux dans ce domaine :
- BOLTANSKI, (Luc) et CHIAPELLO (Ève). Le nouvel esprit du capitalisme, Gallimard, Paris, 2011.
- DUFOUR, (Dany-Robert), L'individu qui vient après le libéralisme, Denoël, Paris, 2015.
- EHRENBERG, (Alain), La Société Du Malaise, Odile Jacob, Paris, 2012.
- BRUNEL (Valérie), Les managers de l'âme, La Découverte, Paris, 2008.
- WEBER (Max), L'éthique protestante et l'esprit du capitalisme suivi de Les sectes protestantes et l'esprit du capitalisme, Pocket, Paris, 1998.

3.2.1. De quelques ethos contemporains

Que le regard se porte sur le monde du travail[24], sur le champ des politiques sociales[25] ou sur la société dans la sa globalité[26], l'individu contemporain mis en évidence dans les sciences sociales est souvent décrit à travers des dispositions « négatives » : individu fatigué, aliéné, inquiet, performant, flexible, égoïste....Cette subjectivité négative est pensée comme étant le fruit d'un système social emprisonnant l'individu, le soumettant à des pouvoirs façonnant sa façon d'être et ses raisons d'être. Michel FOUCAULT a consacré une grande partie de sa vie philosophique à étudier cette question que ce soit à travers l'analyse de la folie, de la sexualité ou des dispositifs punitifs [27] : ce que la société et ses différents espaces peuvent faire à l'âme.

La fabrique sociale de nos âmes évolue au cours de l'histoire. Elle est, en réalité, un processus et une force étroitement liée à la puissance de l'espace dominant sur une période historique donnée. Dans un monde dominé par la religion, on vous fera croyant. Dans un monde désormais largement dominé par l'économie, on vous fera consommateur et performant. Seul le dieu a changé. Il s'appelait Jésus. Il s'appelle désormais Réussite.

Ce processus de formation de nos esprits a d'ailleurs été formidablement analysé par Valérie Brunel dans son livre au titre explicite « Les managers de l'âme »

---

[24] Voir les travaux de Vincent de Gaulejac
[25] Franssen (Abraham), « La societe biographique : une injonction a vivre dignement, sous la direction d'Isabelle Astier et Nicolas Duvoux, L'Harmattan, coll. "Logiques sociales", septembre 2006
[26] Ehrenberg (Alain), La Société Du Malaise, Odile Jacob, Paris, 2012.
[27] Michel Foucault, Histoire de la folie à l'âge classique, Paris, Gallimard, 1972

- L'exemple de la subjectivité managériale contemporaine

La thèse de Valérie Brunel[28] est particulièrement éclairante sur ce sujet. Elle porte son regard sur les espaces de développement personnel proposés par les organisations et met en évidence dans ses travaux la naissance d'un individu managérial en analysant la place prise par les théories et les pratiques du développement personnel au sein du champ managérial. Ces travaux sont passionnants car ils permettent de voir dans quelle mesure le développement personnel peut être instrumentalisé.

Pour Valérie Brunel, derrière les théories du développement personnel se cachent une entreprise de fabrication de dispositions managériales au profit des seuls intérêts de l'espace social de l'entreprise.

« L'attitude et les comportements du salarié seront progressivement orientés dans un sens productif via des pratiques dites de « développement de la personne », qui s'apparentent au développement du « savoir-être ». On retrouve ces pratiques dans toutes les actions de gestion qui impliquent une opération de jugement de la personne : recrutement, management de proximité, évaluation, orientation et gestion de carrière, formations comportementales, etc. En fait de développement harmonieux de la personne, il s'agit de favoriser une progression professionnelle rapide de chacun sur un certain nombre d'axes précis et normalisés qui correspondent aux valeurs et aux qualités requises par le système : capacité d'action, capacité d'analyse et de résolution de problème, éthique (honnêteté intellectuelle, sens du client), capacités à « gérer les interactions » avec l'équipe de travail et le client ».

---

[28] Brunel (Valérie), Les managers de l'âme : le développement personnel en entreprise, nouvelle pratique de pouvoir ?, La Découverte/Poche, Paris, 2008.

Le champ peut façonner notre personnalité de nombreuses manières et il peut même prendre la couleur du développement personnel. Cette notion que nous allons largement mobiliser doit être prise avec précaution car elle est une force politique de transformation qui peut être mise au service de finalités variables.

Qu'il soit fatigué ou aliéné aux objectifs de l'entreprise au point d'en perdre son âme, l'individu contemporain n'est pas sur le bon chemin. C'est possible voire probable. Ce n'est pas parce que le constat est sombre qu'il est faux. On peut, en effet, concevoir qu'un certain nombre d'évolutions sociales nous transforment négativement mais derrière cette vision négative peut se cacher un autre territoire à explorer, une porte à ouvrir, un savoir à construire : celle d'une **théorie de l'évolution positive des subjectivités contemporaines.**

Oh combien la dénonciation des évolutions mortifères de l'individu contemporain est utile ! Oh combien il est utile de donner à voir ce qu'un système, une organisation peut faire à l'âme ! Quelle influence elle peut exercer sur les formes de subjectivités !
Mais cette entreprise aussi salutaire soit-elle n'apporte pas de réponses. Certes, il est possible qu'un espace social, lorsqu'il se soumet à des logiques mortifères, puisse perdre son âme et fasse perdre la leur à de nombreux individus mais est-il possible qu'un espace social puisse faire grandir les âmes et à quelles conditions et selon quelles modalités ? Mesurez bien la force de cette question. Je ne dis pas comment un individu peut-il travailler cette question dans le calme d'un cabinet. Je parle de **structures sociales et politiques qui favorisent la croissance psychique des individus**. Je parle de la question

politique originelle. Je parle de la mère des batailles : celle de la fabrique de notre rapport au monde.

La réponse à cette question se trouve peut-être dans le concept d'ethos citoyen.

3.2.2. La notion d'ethos citoyen

Cette focalisation sur les évolutions négatives des subjectivités dit quelque chose de très profond sur le fonctionnement d'un espace social et incontestablement cela dit aussi quelque de chose d'important sur les évolutions de la société. Mais il est aussi important d'ouvrir les portes d'une socialisation positive non seulement parce qu'elle existe mais aussi pour la développer. C'est tout l'ambition du concept d'ethos positif que nous proposons.

En proposant la notion d'ethos positif, nous essayons de regarder dans quelle mesure les dispositions collectivement construites et individuellement actives, produites au sein d'un champ, viennent nourrir un projet de croissance individuel et collectif. Ce concept nous invite à nous poser une question assez rare dans le champ des sciences sociales bien qu'elle soit très largement traitée par la morale et la politique. Cette question se formule dans le champ éthique de la façon suivante : qu'est qu'un homme de bien aujourd'hui ? Les sciences sociales et la psychologie positive nous offre une nouvelle formulation plus féconde : **qu'est-ce qu'une subjectivité positive dans chacun des espaces sociaux composant la société ?**

Essayons maintenant de répondre à cette question. Si nous réussissons à décrire relativement bien la figure d'un individu pervers socialement (pour en critiquer la croissance), pourquoi n'essayons-nous pas de dessiner la figure d'un individu socialement vertueux (pour en promouvoir la naissance) ?

Thomas d'Ansembourg et son concept d'intériorité citoyenne a déjà posé une première pierre à l'édifice de cette société citoyenne.

- Le concept d'intériorité citoyenne de Thomas d'Ansembourg[29]

La notion d'intériorité citoyenne proposée par Thomas d'Ansembourg établie un pont entre la psychologie individuelle et certains types de comportements citoyens.

« Face aux enjeux contemporains, la vie intérieure devient citoyenne. Un développement personnel et spirituel profond est la clé d'un développement social durable. En déjouant les pièges de l'ego, en pacifiant l'être et en le libérant de la «course à tout bien faire», l'intériorité citoyenne est une manière de cultiver le meilleur de soi pour le mettre au service du bien commun. Elle est une voie pour sortir des impasses économiques et écologiques actuelles. L'intériorité citoyenne est dans notre capacité à développer la connaissance de soi et l'ancrage dans nos valeurs profondes, l'inspiration et la créativité, la bienveillance et la capacité d'empathie, la recherche de sens et le goût de la responsabilité au service de la vie commune. »[30]

Il nous donne à voir qu'il est possible de penser politiquement et postivement une mentalité sociale, des dispositions individuelles en les accrochant à la notion de bien commun.

---

[29] Je lui dois un grand remerciement pour cette notion qui a constitué pour moi un puissant facteur de compréhension
[30] Thomas d'Ansembourg « L'intériorité citoyenne : prendre soin de soi et du monde ». Théofil, 27 août 2017, http://www.theofil.ch/events/linteriorite-citoyenne-prendre-soin-de-soi-et-du-monde/.

3.2.3. Ethos positif et intériorité citoyenne

La notion d'ethos citoyen pousse encore plus loin cette idée. Elle repose sur deux considérations. La première consiste à concevoir la possibilité que des structures sociales exercent une influence sur les structures psychiques (une banalité sociologique). La seconde vise à concevoir que certains types de dispositions, de ressources permettent d'orienter le comportement des individus dans un sens jugé souhaitable. Alors, nous pouvons parler d'un ethos positif.
À travers ce concept, nous pouvons ouvrir le champ des possibles de la transformation selon le raisonnement suivant :

1. Hypothèse 1 : toute transformation sociale suppose une adhésion d'une masse suffisante d'individus acceptant de porter ce projet. Ils doivent faire preuve d'un certain état d'esprit que l'on peut exprimer à travers la notion de dispositions individuelles.
2. Hypothèse 2 : les dispositions individuelles sont le fruit de multiples processus (transmission familiales, génétiques...) mais elles peuvent aussi être façonnées par les différentes espaces sociaux que nous fréquentons (*ethos*).
3. Hypothèse 3 : la psychologie positive a permis de mettre en évidence des liens entre certains types de dispositions (ressources ou capital positif) et des bénéfices individuels ou collectifs. Le fait pour un individu de disposer de certain type de dispositions va lui permettre d'être en meilleur santé, plus performant..., et aussi de devenir un citoyen plus accompli.
4. Hypothèse 4 : si les dispositions individuelles peuvent être socialement produites et qu'il existe des dispositions citoyennes, les termes de débats sont désormais les suivants : comment introduire au sein d'un espace social ce type de dispositions pour qu'elles fassent corps avec les individus (socialisation et intériorisation) et participent ainsi à la fabrique des *ethos* contemporain citoyen ?

Le combat de la diffusion dans le corps social d'un ethos du bien commun œuvrant au développement individuel, collectif et social de tout un pays sera, sinon gagné, du moins engagé lorsque nous aurons réussi à établir des ponts entre les enjeux d'un espace social (soumis à ses propres logiques l'invitant à fabriquer certains types de dispositions individuelles et collectives) et des dispositions citoyennes, des formes « d'intériorité citoyenne ».

Autrement dit, la prise de conscience écologique dont nous avons besoin ne va pas apparaître au sein des champs sociaux tel un miracle psychique. Elle doit reposer sur un travail social de promotion impliquant une compréhension de la psycho-sociologie des champs.

- Psycho-sociologie des espaces

Il est possible d'identifier différentes zones ou forces au sein des espaces sociaux en fonction de leur impact sur les subjectivités des agents. Cette focalisation sur l'impact au niveau des subjectivités permet d'enrichir le regard que nous portons sur le fonctionnement des espaces sociaux d'une dimension existentielle (ou spirituelle), dimension largement occultée au profit d'une lecture économique ou en terme d'utilité sociale fonctionnelle.

Nous proposons de nommer le ou les effets d'un espace sur les formes de subjectivité des agents le fréquentant : « l'effet anthropologique ». Un espace peut cultiver un esprit compétitif, solidaire, individualiste, matérialiste…

Il s'agit donc d'interroger un espace social sur son action psychique. Aux questions traditionnelles (l'espace social est-il efficace, compétitif, utile… ?), nous proposons de rajouter l'interrogation suivante : l'espace œuvre-t-il à faire croître les agents qui le fréquentent sur le plan éthique et spirituel ?

Sur ce plan, l'analyse des différences espaces sociaux peut permettre de mettre en évidence des systèmes de configuration plus ou moins favorables, c'est-à-dire des zones de concordance entre les forces dispositionnelles favorables à l'intérêt du champ et les forces dispositionnelles favorables à la recherche de l'intérêt du général (zone anthropologique de « citoyennisation ») mais aussi des zones de divergences (zone anthropologique de prédation).

Autrement dit, au sein d'un champ, il peut exister des ponts entre les dispositions qu'il faut développer pour réussir et les dispositions au bien commun (par exemple on peut imaginer que sur certaines parties de l'espace le fait d'être bientraitant puisse accroître les chances de devenir un dominant au sein de cet espace tout en s'inscrivant dans une logique de bien commun). A l'inverse, dans d'autres parties du champ (d'autres enjeux, d'autres moments…), la réussite peut passer par le fait de devoir adopter des comportements de prédateurs.

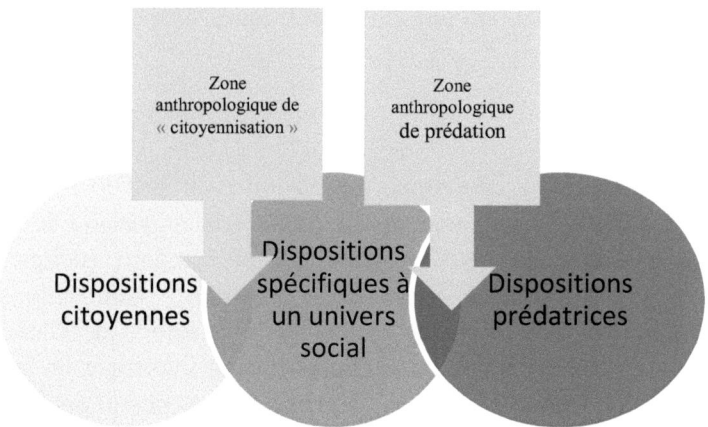

La configuration optimum jamais atteinte mais toujours à rechercher consiste à produire les outils permettant une totale fusion entre les dispositions spécifiques à cet espace et des dispositions citoyennes. Cela signifierait que pour exister au sein de cet univers, il faut cultiver un ethos bienveillant, protecteur et sage.

C'est dans la chimie de la construction de ce capital que se trouve une partie de la clé de la transformation citoyenne d'une société.

La notion d'ethos a donc l'immense mérite de <u>politiser une question psychique</u>. Cette question devient politique car il paraît évident désormais que nos dispositions et notre personnalité sont le fruit de multiples actions politiques. Cette question est politique aussi parce que la nature des dispositions socialement encouragées, leur valorisation possède un sens social. Elles prennent sens dans un ordre politique. Il est donc indispensable de bien saisir les différentes facettes de cet outil de transformation. Derrière la notion d'*ethos*, il est aussi question de classes sociales et de domination. Le travail de Pierre BOURDIEU est une œuvre politique.

3.2.4. Ethos : une notion politique ?

Pierre Bourdieu a développé une vision politique du monde social et nous aurions une lecture totalement imparfaite de sa théorie si nous ne nous portions pas notre regard quelques instants sur les mécanismes de domination. Nous allons examiner les liens pouvant exister entre la notion de classe sociale et le concept de capital puis nous nous interrogerons sur le sens que peut revenir la notion même d'ethos positif dans un espace pensé comme un univers de lutte et de domination. Enfin, nous terminerons l'analyse de la dimension politique de ces notions à travers une lecture en terme de domination masculine.

- Capital et classe dominante

La théorie de Pierre Bourdieu est une théorie de la domination. Certaines ressources sont accaparées par des dominants et servent de supports à des projets de domination. Les capitaux sont aussi des outils de reproduction sociale.

Pierre Bourdieu a établi de nombreux ponts entre son concept de capital et l'existence d'un système de classe et de domination. Les capitaux qu'ils soient économiques, sociaux, culturels ou symboliques sont aussi des instruments au service des classes dominantes. Ils exercent une action politique permettant de faciliter l'accès ou la conservation du pouvoir. Ainsi, pour s'en convaincre, il suffit de mesurer le poids du réseau relationnel dans l'accès à certaines positions sociales.

Le monde scolaire et son capital scolaire offrent une lecture féconde des mécanismes de domination pouvant se cacher derrière le type de capital à l'œuvre au sein d'un espace social. Le capital scolaire (goût de la lecture, connaissance des auteurs, sens du travail scolaire, rapport au savoir, aisance dans la prise de parole....) permet de transformer des dispositions individuelles (socialement déterminées) en une forme de monnaie ayant de la valeur au sein d'un espace social et, ainsi, d'acquérir des positions dominantes. En valorisant certaines dispositions sociales spécifiques à des classes sociales au sein de l'institution scolaire, l'école participe à la reproduction et à la légitimation des inégalités ; en transformant des inégalités sociales inacceptables en des inégalités scolaires acceptables car relevant officiellement d'une logique de mérite, l'école participe à une entreprise de domination.

Il est donc impossible de dissocier le concept de capital de son sens politique. Cette politisation de la notion de capital nous confronte, toutefois, à une nouvelle difficulté. Si le capital est un outil au service d'un projet de domination sociale, l'idée d'un capital positif a-t-elle encore un sens ? Comment articuler la notion de capital de citoyenneté ou celle d'ethos positif à un monde social fait de classes sociales et de dominants ?

- **L'usage du pouvoir peut aussi se faire vertueux**

La lecture du monde a longtemps été politiquement construite autour du paradigme de la lutte des classes associant (pour beaucoup) plus ou moins consciencement un ethos positif (moral, vertueux...) aux classes dominées et des *ethos* négatif (prédatrice) aux classes dominantes. Si par « ethos positif », nous entendons la recherche du bien commun, il transcende ces clivages de classe économique. L'*ethos* citoyen peut se trouver chez des dominés comme des dominants économiques. Il suffit pour s'en convaincre d'imaginer un instant un dominant ayant un usage bienveillant du pouvoir, redistribuant ses richesses autant qu'il est possible de le faire. La psychologie positive a d'ailleurs mis en évidence la notion de « leader serviteur[31] » pour faire émerger une figure d'exercice positif du pouvoir (autrement dit un « dominant vertueux »). À travers cette théorie, on trouve une représentation positive de l'exercice du pouvoir. Le chef n'est pas vu pas comme un tyran essayant de soumettre les salariés à son autorité mais comme un guide au service des salariés et de l'organisation. Autrement dit, si un espace social porte au pouvoir des individus dotés de dispositions au bien commun, il est possible que nous puissions

---

[31] GREENLEAF (Robert K.) et LARRY C. Spears, *Servant leadership: a journey into the nature of legitimate power and greatness. 25th anniversary,* ed Paulist Press, 2002.

basculer d'un raisonnement en terme de domination (impliquant une concentration du pouvoir à des fins personnelles ou au profit de sa classe sociale et un usage violent[32] de ce pouvoir) à une vision plus positive de l'usage du pouvoir (impliquant l'idée de partage, de guidance, de protection, de développement humain...). La notion de capital positif permet de désigner des ressources ayant de la valeur dans le fonctionnement de l'espace (le monde sportif, le monde scolaire...) permettant de porter à des postes de direction des élites citoyennes animées par le souci de l'intérêt commun car sélectionnées sur la base de la possession de ce type de dispositions.

- Ethos citoyen et ethos féminin ?[33]

La lecture politique de la notion d'*ethos* positif peut aussi se faire à travers le prisme du genre. Les analyses des inégalités entre les hommes et les femmes s'aventurent parfois sur le terrain de la mise en évidence de différences de « caractères ». Si la notion d'ethos positif peut être reliée à l'analyse des classes sociales, elle peut aussi produire des effets sur les inégalités de genre. Promouvoir un ethos citoyen, c'est peut-être aussi favoriser l'éclosion, la diffusion et la valorisation de dispositions féminines.

Le régime de domination sociale n'est pas seulement économique, il est aussi « genré ». Notre monde est un monde dominé par les hommes. Les types de capitaux et d'*ethos* sociaux sont orientés pour favoriser l'accès aux positions dominantes des hommes. Cette domination peut prendre des

---

[32] Notion de violence symbolique forgée par Pierre BOURDIEU
[33] VASSY (Serge), « Ethos de femmes ministres. Recherche d'indices quantifiables ». *Mots. Les langages du politique*, n° 78, juillet 2005, p. 105-114. / « Dispositions féminines / dispositions masculines ». http://www.revue-interrogations.org, 3 janvier 2013, http://www.revue-interrogations.org/Dispositions-feminines.

formes subtiles. En effet, aucun champ ne peut assumer une sélection outrancièrement inégalitaire sur le mode « que nul n'entre ici s'il n'est pas un homme ». Elle serait contraire à des normes de morales élémentaires. Les mécanismes de sélection se déguisent et prennent des couleurs neutres politiquement. Dans le monde du travail des cadres (l'espace social des cadre), on peut observer la construction sociale d'un univers professionnel où, pour faire carrière, il faut faire être disponible (ne pas compter ses heures…). Cette injonction à la disponibilité produit statistiquement l'exclusion d'une grande partie des femmes sur qui pèsent des contraintes familiales plus fortes. Cette **masculinisation de la structure du capital des postes de pouvoir** est un processus de domination.

Cette lecture politique du monde social peut venir apporter un autre éclairage à notre proposition d'*ethos* positif. Se pourrait-il que la notion d'*ethos* positif puisse être articulée avec la question du genre et des inégalités femmes/hommes ? Se pourrait-il que la valorisation d'un certain type de capital « guerrier » [34] soit aussi l'expression d'un régime de domination masculine, une forme de légitimation d'un ordre social en associant au poste de pouvoir certains traits dispositionnels de type masculins ? La promotion d'un *ethos* citoyen ne reviendrait il pas à remettre en cause un ordre social masculin pour promouvoir une culture du *care* ?

De tels mécanismes de domination sont à l'œuvre dans de nombreux univers sociaux. La thèse d'Emmanuelle Zolesio[35] analysant les difficultés d'être une femme dans un espace professionnel réservé aux hommes (le monde de la chirurgie) est particulièrement éclairante

---

[34] SAUVADET (Thomas), Le capital guerrier : concurrence et solidarité entre jeunes de cité, A. Colin, 2006.
[35] ZOLESIO (Emmanuelle), Chirurgiens au féminin ? : socialisation chirurgicale et dispositions sexuées de femmes chirurgiens digestifs, Lyon 2, 12 novembre 2010. www.theses.fr, http://www.theses.fr/2010LYO20061

- Ethos masculin et domination sociale dans le monde la chirurgie

Emmanuelle Zolesio a étudié l'espace professionnel des chirurgiens et à l'intérieur de cet univers, la situation sociale singulière des femmes exerçant « ce métier d'homme ». Elle a ainsi mis en évidence un processus de « dépréciation chirurgicale des manières étiquetées comme féminines ».

« La dépréciation chirurgicale des manières étiquetées comme « féminines :
Pleurer ne fait clairement pas partie du registre chirurgical. Au cours des consultations, chaque fois qu'un patient s'est mis à pleurer, le-la chirurgienne a tout de suite cherché à stopper net ces larmes par des injonctions à « reprendre le dessus ». Frédéric Nodat (assistant chef de clinique, 36 ans) va jusqu'à ironiser ouvertement au lit d'une patiente lorsqu'elle se met à pleurer, inquiète d'un diagnostic énoncé devant elle en termes savants et qu'elle pressent comme grave : « Allez hop ! quelqu'un pour la consoler ! ». Les témoignages d'enquêtés rapportant des cas où d'autres (internes féminines, infirmières) ont pleuré présentent toujours la chose comme un signe de faiblesse et surtout d'inadéquation avec le milieu professionnel. Le Dr Laurent Sella (praticien hospitalier, 38 ans) explique qu'il fait souvent pleurer les infirmières et étudiantes en les rudoyant et commente leur réaction : « j'ai engueulé une étudiante en médecine, elle s'est mise à pleurer, c'est idiot !! [...] Voilà, elle fait une connerie, elle se fait engueuler. Puis après on s'explique. Mais c'était sportif, c'était des rapports... Normaux, quoi. Virils. Pas toujours très fins, hein. Mais virils » ; « l'étudiante a pas bien compris, elle s'est mise à pleurer, moi j'conçois pas ça, quoi ! [...] j'veux dire... J'ai tellement pris dans la gueule que... c'est un aveu d'faiblesse pour moi. Voilà. On a quelque chose à dire, alors on l'dit, et puis voilà. [...] Moi j'y suis pour rien, voilà, moi j'assume... J'veux dire, il faut savoir... encaisser, et encaisser

avec pudeur. On a l'droit d'chialer mais dans les chiottes, quoi. Voilà ».

Cet exemple permet d'illustrer la dimension politique de la valorisation des dispositions. Pour exercer tel métier, l'espace professionnel invite à cultiver un certain nombre de « traits de caractère ». Les fruits de ce processus sont des constructions sociales et politiques. Ils ne sont neutres. Ils ne sont pas seulement la traduction technique de finalités de nature professionnelles. Ils peuvent aussi se lire et se comprendre à travers leurs effets politiques et leurs actions en faveur (ou pas) de certains groupes sociaux. La mise en avant d'une compétence en terme de disponibilité est, en réalité, une façon politiquement correcte de sélectionner et d'exclure des groupes sociaux (en l'occurrence les femmes) des postes de pouvoir. Cette injonction à la disponibilité exclut aussi l'ensemble des agents dotés d'un certain sens de la relation à la famille et à la vie. La première tentation d'un espace social, c'est d'avoir des agents disponibles « corps et âme » qui acceptent de sacrifier une part importante de leur vie au profit des enjeux de l'espace social. Pour que cette première tendance cède la place à la sagesse de la juste distance, il faut que les dirigeants aient atteint un niveau de maturité suffisant pour comprendre que ce culte du dévouement est une aberration aussi bien humaine qu'économique.

Nous comprenons, maintenant, mieux dans quelle mesure toute action sur les formes de capitaux peut produire des effets politiques : favoriser les inégalités sociales ou de genres ou, au contraire, créer un monde plus juste. Prenons donc soin de ne pas oublier que le contenu donné à la notion d'*ethos* peut et doit être lu politiquement en questionnant ces effets sur les inégalités et les mécanismes de domination qu'il peut cacher.

Nous voilà maintenant disposant d'une meilleure compréhension de la notion d'ethos positif, concept porteur de l'ambition de désigner la capacité des espaces sociaux à produire de la subjectivité citoyenne. Si nous voulons faire émerger un monde citoyen, il doit être habité et promu par des individus citoyens.

Il nous faut maintenant mieux comprendre les dispositifs par lesquels un espace social peut exercer une influence sur les subjectivités des individus. Si des agents cultivent certaines dispositions, c'est parce que les lois de l'espace social les y invitent ou, à minima, leur permettent. Au sein des espaces sociaux, c'est en grande partie le capital qui fait la loi. Pour fabriquer des *ethos* positifs, il faut qu'existe une forme de capital positif. Nous allons donc proposer et approfondir le concept de capital de citoyenneté.

3.3. Du capital positif au capital de citoyenneté

3.3.1. La notion de capital

Pour bien comprendre l'intérêt du concept de capital de citoyenneté, je vous propose d'approfondir la première description succincte du concept de capital que nous en avons faite.

Pour Pierre Bourdieu, le monde social peut se diviser en « champs » c'est-à-dire en espaces sociaux plus ou moins autonomes et au sein desquels nous pouvons identifier un certain nombre de ressources agissantes. Elles peuvent être économiques, sociales, culturelles ou symboliques et ont pour ambition d'accroître la position de leur détenteur au sein de cet espace lui permettant d'obtenir un certain nombre d'avantages et de gratifications. Chaque espace est donc sensible à certains types de ressources. L'espace sportif est sensible à une forme de capital sportif. Si vous souhaitez réussir et faire carrière au sein de cet univers, vous devez disposer d'un certain nombre de ressources adaptées à cet univers (force physique, technicité…). L'univers religieux sera sensible à une autre forme de capital : le capital religieux (connaissance des textes, position dans l'institution, pratiques…).

Le capital qui nous intéresse ici est une forme de capital spécifique que Bourdieu nomme capital culturel[36]. Il distingue trois états du capital culturel :

- Une forme incorporée : c'est *l'habitus* culturel.
- Une forme objectivée : ce sont les biens culturels (livres, tableaux, disques, etc.).
- Une forme institutionnalisée : ce sont les titres scolaires.

Lorsque nous pensons certaines formes de dispositions en terme de capital, nous nous inscrivons clairement dans la notion de capital culturel intériorisé.

- L'exemple du capital scolaire

Regardons un instant la notion de capital appliquée au monde scolaire et l'espace sociale des élèves.

---

[36] Serre, Delphine. « Le capital culturel dans tous ses états ». Actes de la recherche en sciences sociales, vol. n° 191-192, no 1, avril 2012, p. 4-13.

Pour réussir à l'école, il faut posséder un capital scolaire à dominante largement culturel (le fait d'avoir un capital économique peut aussi avoir de l'influence. On ne peut pas acheter des bonnes notes mais on peut se payer des cours). Mais globalement, c'est tout de même un capital culturel qui est à l'œuvre dans le monde scolaire. Il faut avoir intériorisé un certain nombre de dispositions, un certain rapport à la culture pour avoir de bons résultats. Ces dispositions ont une dimension sociale et politique même si elles sont souvent perçues comme des formes d'intelligences. Si les enfants des classes favorisées réussissent dans l'univers scolaire, c'est que leur famille leur transmet cette forme de capital culturel (adéquation entre les formes de savoir transmis par la famille et le savoir utile à l'école). Les enfants de la classe ouvrière possèdent aussi des mécanismes de transmission d'une certaine forme de culture (un certain type de langage, savoirs manuels, savoir-être spécifique...) mais ce type de savoirs ne fait pas l'objet du même processus de valorisation et de consécration dans le champ scolaire (la rudesse du monde ouvrier est même dépréciée). Chaque espace social peut ainsi être appréhendé à la lumière des types de capitaux qu'il valorise. Lorsque ces capitaux prennent la forme d'un capital culturel intériorisé, ils se donnent à voir en termes de dispositions qu'il faut posséder ou faire semblant de posséder pour réussir.

La vérité profonde du fonctionnement d'un espace social est donc à trouver dans l'observation des formes de capitaux ayant cours.

- Différentes conceptions du capital

Il est utile de différentier cette notion de capital bourdieusien d'autres concepts proches comme celui de « capital humain » ou encore de « capital psychologique positif ». En effet, de nombreux courants théoriques se sont emparés de l'idée qu'il existerait des formes de ressources susceptibles de peser dans le fonctionnement des espaces à la façon d'une monnaie. Concevoir des relations comme une forme de capital, c'est prendre conscience que l'ensemble de mon réseau est susceptible de me procurer un certain nombre d'avantages et qu'il possède une valeur.

Dans sa thèse[37] Xiao Yan Shi dresse une typologie des différents usages possibles de la notion de capital. Cette typologie permet notamment de mettre en évidence les points de différenciation avec la notion de capital de citoyenneté telle que nous la proposons en s'inspirant des travaux de Pierre Bourdieu.

La notion de capital social peut ainsi renvoyer couramment au concept de réseau et répond à la question « Qui tu connais ? ». Le même concept mobilisé au sein du champ économique renvoie à la notion de compétence et répond à la question « Qu'est-ce que tu sais ? » Dans le champ de la psychologie positive, il désigne un certain nombre de dispositions ayant des effets vertueux et renvoie donc à la question « Qui es-tu ? ».

---

[37] Contributions relatives du capital psychologique et de l'intelligence émotionnelle à la performance au travail et au bien être psychologique par Xiao Yan Shi
http://biblos.hec.ca/biblio/memoires/2013NO80.PDF

Tableau de comparaison des formes de capitaux issu de la thèse « Contributions relatives du capital psychologique et de l'intelligence émotionnelle à la performance au travail et au bien être psychologique » par Xiao Yan Shi

Tableau 1.2 Expansion du capital et avantage concurrentiel

Capital	Question posée	Éléments
Capital psychologique positif	Qui es-tu ?	Confiance, espérance, optimisme, résilience
Capital social	Qui tu connais ?	Relations, amis, réseaux, contacts
Capital humain	Qu'est-ce que tu sais ?	Expériences, connaissances, savoir-faire, idées, éducation
Capital économique traditionnel	Qu'est-ce que tu as ?	Finance, biens tangibles (équipements, usines, brevets, etc.)

Source : synthèse établie à partir de Luthans, Fred et Carolyn M. Youssef (2004). « Human, Social, and Now Positive Psychological Capital Management », *Organizational Dynamics*, vol. 33, no 2, p. 143-160.

Si l'ensemble de ces notions (capital humain, capital psychologique positif...) repose sur l'idée de l'existence d'une ressource utile pour la qualifier de capital, l'approche de Pierre Bourdieu comporte une dimension supplémentaire.

- Du capital psychologique au capital politique

Elle établit un lien entre la ressource et le fonctionnement de l'espace social. Une partie de la réalité de ce concept peut, en effet, être appréhendée à travers la question : « Qui es-tu ? ». Mais il faut nécessairement y ajouter la question suivante : dans quelle mesure peut-on établir un lien entre ce que tu es (capital culturel intériorisé) et le fonctionnement de l'espace social que tu fréquentes ? Qu'est-ce que l'espace social que tu fréquentes te demande d'être et dans quelle mesure ce que tu deviens est-il utile au sein de l'espace social en question ?

- Du capital politique au capital de citoyenneté

En retenant une approche fondée sur la notion de bien commun, nous pouvons compléter la question ainsi : dans quelle mesure le fonctionnement de l'espace social que tu fréquentes te permet-il de développer des comportements citoyens, t'invite-t-il à le faire ou au contraire ce type de comportements est-il contre-indiqué voire contradictoire avec les lois régissant cet espace ?

Nous saisissons maintenant mieux la portée théorique de ce concept de capital mais comment fonctionne-t-il en pratique ? Comment une ressource peut-elle agir sur le fonctionnement d'un espace social ? Quel chemin emprunte-t-elle ? Dans quelle mesure la notion de capital peut-elle faire œuvre de transformation ?

Voici les questions que nous allons aborder maintenant.

3.3.2. Les différents effets de transformation du capital

Si la notion de capital peut s'avérer féconde pour opérer des transformations sociales, c'est qu'elle nous permet d'activer de nombreux leviers. Elle dispose d'une force transformatrice puissante. Dans le domaine de la transformation, les espaces sociaux sont plus ou moins sensibles à certains leviers (on peut parler de **sensibilité transformatrice**) et chacun des leviers dispose d'une force transformatrice plus ou moins grande (**puissance transformatrice**). Nous pouvons dire qu'un espace est sensible à un facteur lorsqu'il réagit vite à son activation. Si vous changez tel paramètre, c'est l'ensemble des règles du jeu qui se trouve instantanément modifié. Le capital est fait de ce bois-là.

Trois effets peuvent donner à voir la puissance transformatrice de cet outil.

- Capital et effet d'ouverture

À travers le concept de capital, nous pouvons agir sur l'ensemble des structures d'un monde social. Nous touchons aux tables de la loi. Les règles de fonctionnement et les enjeux se matérialisent dans des dispositifs de sélection, de formation, de promotion, de consécration…. Ces derniers sont la traduction technique sous forme de dispositifs de la notion de capital.

Comme le montre le tableau d'analyse des effets de transformation de la notion de capital, ce sont l'ensemble des dispositifs structurels qui peuvent être impactés par une évolution des formes de capitaux ayant cours au sein d'un espace.

Puissance transformatrice du concept de capital : correspondance entre les principales structures du fonctionnement d'un espace social et le concept de capital

Structures régissant le fonctionnement d'un espace social	Lien avec la notion de capital
Structures de sélection	Les structures de sélection déterminent les profils présents au sein de l'espace social.
Structures de promotion	Les critères de promotion permettant d'accéder aux positions sociales dominantes sont une des traductions techniques des capitaux. Ils valorisent certaines formes de capacités.
Structures de formation	Les processus de socialisation interne transmettent certaines dispositions.
Structures d'évaluation	Les dispositifs d'appréciation et d'évaluation traduisent la prise en compte des certaines formes de dispositions.
Structures de régulation normative - Sanctionner - Exclure	Les mécanismes d'exclusion peuvent orienter les comportements des agents et peuvent renvoyer à un certains types d'*ethos* professionnel sous peine d'exclusion.
Structures de reconnaissance	Les processus de consécration et de reconnaissance mettent en évidence les types de dispositions culturelles valorisées.
Structures de rémunération	Les processus d'attribution des différentes formes d'avantages financiers ou symboliques se font en fonction de la détention des capitaux.

Que ce soit par la porte ou par la fenêtre, l'ensemble des activités structurant la vie d'un espace social passe par le filtre de la notion de capital. C'est la pierre angulaire du fonctionnement. Autrement dit, c'est dans la détermination des critères de sélection, dans l'examen des processus d'attribution des avantages, dans les processus de formation..... que se joue l'acquisition de certains types de dispositions. Cela signifie que c'est aussi à travers ce type d'outils que l'on peut modifier la force et la valeur de certaines compétences.

- Capital et effet d'entraînement : le processus transformateur du capital

Cette puissance transformatrice peut être mise en évidence à l'aide du graphique ci-dessous :

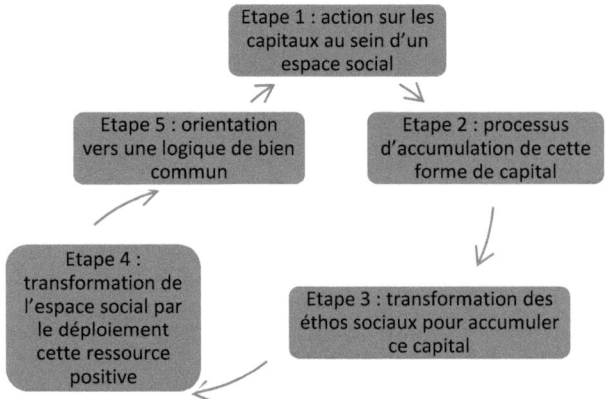

Lecture du graphique : si vous souhaitez transformer un espace social, vous pouvez agir sur le type de capitaux ayant cours au sein de cet espace. Vous allez ainsi pouvoir tenter de valoriser une certaine forme de capital et des individus vont développer les stratégies pour accumuler ce capital. Si ces stratégies fonctionnent, les individus dotés d'un certain type de capital culturel solidifié sous forme *d'ethos* vont accéder à des positions dominantes au sein de l'espace social en question et favoriser la valorisation de ce type de capital au sein de cet espace. Si le type de capital valorisé possède une composante citoyenne, nous pouvons alors espérer voir s'enclencher un processus profond de « citoyennisation » de l'espace social.

- Capital et effet d'attraction

En agissant sur les types de capitaux ayant au cours, nous pouvons espérer modifier les stratégies des acteurs et les inviter à acquérir une forme de capital culturel pour permettre d'accéder aux positions dominantes. Cette forme de capital ayant désormais de la valeur au sein d'un espace, elle a suffisamment de **puissance d'attraction** pour venir orienter la construction sociale *d'ethos* en lien avec la recherche du bien commun. Cela permet ainsi de porter aux positions de pouvoir un nombre suffisant d'individus ayant cette disposition pour modifier l'orientation générale de l'espace social.

Appliquons cette proposition au monde scolaire.

Nous pourrions donc modifier le fonctionnement de l'espace scolaire en s'interrogeant sur la nature du « capital scolaire », les types de dispositions qu'il faut acquérir pour réussir scolairement. Si demain nous décidons d'introduire la bientraitance relationnelle en tant que composants du capital scolaire, c'est-à-dire en tant que critères d'évaluation et de sélection des individus « scolairement doués[38] », nous modifions le fonctionnement de cet espace et vraisemblablement les hiérarchies scolaires et donc les hiérarchies sociales en favorisant certains individus. Le choix politique de construire un capital scolaire fondé sur l'intelligence logico-mathématique conditionne la réussite des individus doués sur le plan logico-mathématique. Si nous introduisions un autre critère d'appréciation scolaire (pas uniquement moral) en sélectionnant les individus doués sur le

---

[38] Nous insistons sur cette notion de « scolairement doué » car elle permet de mettre en évidence qu'il existe des comportements de civilités valorisés au sein de l'univers scolaire mais qui ne sont pas considérés comme faisant partie de l'évaluation scolaire. Naturellement le monde scolaire éduque sur le plan relationnel mais ces compétences relationnelles ne rentrent pas ou peu en ligne de compte dans le parcours et la réussite scolaire

plan de la bientraitance relationnelle (comportement d'entraide, régulation de son agressivité...~) alors nous produirions une autre forme d'élite scolaire : une élite bientraitante.

Nous avons compris la puissance transformatrice de la notion de capital. Réfléchissons maintenant à la façon dont nous pourrions mettre cet outil au service du bien commun.

3.3.3. Le capital en pratique

Permettez-moi pour bien comprendre la notion de capital de citoyenneté de revenir un instant à un raisonnement négativiste en examinant ce que pourrait être le capital négatif. En effet, qualifier de « positif » une forme de capital implique de pouvoir raisonner sur l'existence de son double négatif.

- Capital positif *versus* capital négatif

Nous n'avons pas besoin de produire beaucoup d'efforts pour donner à voir l'existence au sein de certains espaces sociaux de capitaux pouvant produire des effets antisociaux[39]. Nous pouvons, en effet, assez facilement concevoir qu'en l'absence de régulation externe les forces d'attraction internes au champ (rémunération, carrière, profit...) peuvent être suffisamment puissantes pour produire soit un rejet de formes éthiques élémentaires (assez rare) soit plus couramment une simple adhésion à une éthique sur mesure, spécifique au champ. Cela implique la mise à disposition d'édifices symboliques spécifiques permettant que chaque agent adopte les

---

[39] Godechot, Olivier. Les traders: essai de sociologie des marchés financiers. La Découverte, 2005.

comportements conformes aux lois du champ tout en conservant une image positive de soi. Christophe Dejours a montré[40] comment des professions pouvaient sécréter de véritables mythologies professionnelles ou d'autres mécanismes de défenses collectifs pour faire face aux risques professionnels. Force est de constater que dans certains secteurs, **l'effondrement éthique** constitue le risque principal. Pour faire face à ce risque, il faut produire une **technologie de l'aveuglement au bien commun**. On peut considérer que la capacité à se soumettre à cette forme d'aveuglement idéologique soit érigée en rang de compétences et se fasse ainsi capital. « Que nul n'entre ici s'il n'accepte pas le cadre moral ». Certains secteurs comme le monde de la finance offrent de nombreuses illustrations des écarts aux normes de « l'intérêt général » qu'il faut accepter pour pouvoir faire carrière. Miser sur une augmentation de la valeur d'une action suite à un plan de licenciements économiques nécessite d'avoir intériorisé un certain monde éthique pour qu'un telle action ait du sens.

Les écarts entre les dispositions au bien commun et les structures dispositionnelles (les compétences qu'il faut développer) d'un espace social se donnent aussi à voir dans le champ politique . Le fonctionnement du champ politique nécessite de cultiver certaines dispositions psychiques. Si ces dispositions sont utiles pour accéder au pouvoir, certaines d'entre elles peuvent s'avérer contre-productives dans l'exercice de ce dernier sur le plan de la recherche du bien commun. Si être ambitieux, avoir le goût du pouvoir, des dispositions à éliminer ses concurrents peuvent être utiles et nécessaires pour faire carrière dans le champ politique, il est possible que ce type de dispositions ne caractérise pas une élite

---

[40] Dejours, Christophe. Souffrance en France la banalisation de l'injustice sociale. Éd. Points, 2014.

citoyenne (notons que ce type de dispositions ne résume pas fort heureusement l'ensemble de l'éthos politique).

Nous pourrions pousser encore un peu plus loin le raisonnement en examinant les mécanismes démocratiques mais aussi professionnels d'accès aux positions de pouvoir. L'ensemble des systèmes de sélection existants implique que des agents se portent candidats. J'ignore s'il serait possible de produire des systèmes plus vertueux (les technologies de la démocratie participative proposent certaines alternatives intéressantes) mais je suis convaincu que ce système favorise des dispositions spécifiques, des types de personnalités. Combien de fois dans mon expérience de DRH n'ai-je pas observé des individus (plutôt des femmes) à la « personnalité positive », capables d'exercer un pouvoir bienveillant mais refusant par modestie, manque de confiance (socialement fabriquée), aliénation ou par conscience de la difficulté, de se porter candidate ?

Revenons à un raisonnement positif impliquant de penser ce que pourrait être un système vertueux. Si certaines règles du jeu social favorisent des individus dotés de dispositions prédatrices, ces même mécanismes peuvent peut-être se mettre au service de la quête de citoyenneté. Pour cela, nous devons mettre en évidence le contenu à donner à ce que nous avons convenu d'appeler « capital de citoyenneté ». Nous allons donc maintenant tenter de proposer une description des types de dispositions qui peuvent être positivement corrélés à des comportements de citoyenneté : les intelligences citoyennes.

4.
Les intelligences citoyennes

4.1. Les formes spécifiques d'intelligences

Nous proposons une approche du capital positif centrée sur la notion de bien commun, d'intérêt général et de citoyenneté permettant ainsi de donner une couleur singulière à cette notion de positivité. C'est pourquoi nous avons proposé d'appeler ce type de capital « capital de citoyenneté ».

Autrement dit, il s'agit d'examiner les différentes formes de ressources que peut posséder un individu favorisant le développement de comportements de citoyenneté : vertu civique, esprit d'équipe, altruisme, entraide, protection de l'environnement, éthique de l'intérêt général, souci du bien commun, recherche d'un optimum social...

Pour proposer une analyse de la composition chimique de cette forme de capital, nous nous sommes largement inspirés des différentes études issues des sciences positives[41] ayant permis la mise en évidence de ces ressources et d'en analyser leur composition.

- COMPOSITION DU CAPITAL DE CITOYENNETE : LES INTELLIGENCES CITOYENNES

C'est une chose de prétendre qu'il existe des ressources citoyennes susceptibles d'orienter le fonctionnement général d'un espace social vers la recherche du bien commun, c'en est une autre de pouvoir les décrire. La question soulevée est, en effet, complexe et importante : est-ce que les individus aux

---

[41] Voir annexe la liste des ouvrages traitant directement ou indirectement de cette question.

comportements citoyens disposent d'un certain nombre de caractéristiques communes comme autant de variables explicatives de leur comportement ? Où pouvons-nous chercher des graines de la citoyenneté ? C'est dans l'examen des ressources proposées par la psychologie positive que réside la clé de compréhension.

Ces différents travaux mettent en évidence différentes grands types de ressources positives. Nous proposons de nommer ses différentes composantes des « intelligences citoyennes ».

- Intelligences, capacités, compétence, force ou sagesse ?

Nous pourrions débattre longtemps de la pertinence de qualifier de forme d'intelligences le type de dispositions que nous allons analyser. Peut-être aurions-nous pu, en effet, parler de compétences, de forces ou encore de capacités. Ces débats ne sont pas dénués d'intérêts sur le plan théorique mais ne sont dans d'une grande utilité sur le plan de leur usage politique. Ce ne sont que des mots que nous mettons sur une réalité. Peu importe le doigt qui montre la lune car l'essentiel est de ne pas perdre de vue la lune elle-même.

- La force politique du concept d'intelligence

S'il me semble pertinent de qualifier certaines dispositions citoyennes comme des formes d'intelligence, c'est que cette notion nous permet de nous inscrire dans la philosophie politique de la notion même de capital. Le concept d'intelligence renvoie à un imaginaire social, scolaire et méritocratique. L'idée consiste justement à militer pour que l'intelligence citoyenne soit au processus de sélection sociale ce que l'intelligence mathématique est un processus de sélection scolaire. Il est en effet possible de décrire l'existence de comportements de citoyenneté à travers le prisme des capacités des individus et de sortir ainsi cette question du champ éthique auquelle elle est trop souvent associée. Être **altruiste, protéger l'environnement, servir l'intérêt général ne doivent pas simplement relever d'une appréciation morale positive mais doivent être considérés comme l'une des formes les plus élevées d'intelligence sociale et collective.** En renvoyant cette question à la sphère de l'intelligence, nous pouvons ainsi faire appel à l'ensemble des dispositifs sociaux et symboliques associés. S'il est légitime d'apprécier et de sélectionner en s'appuyant sur une certaine définition de l'intelligence (mesurée à l'aide du QI) pourquoi ne serait-il pas légitime et possible de sélectionner selon un **quotient d'intelligences citoyennes** ?

La construction sociale des comportements de citoyenneté sur le registre de l'intelligence nous ouvre les portes d'un univers d'actions politiques riches en perspectives.

Citons Pierre Rabhi répondant à une question sur l'intelligence de l'espèce humaine :

« Il y a un quiproquo de départ : imaginez les extraterrestres très évolués qui étudient le comportement humain. Comment voulez-vous qu'ils concluent que nous sommes intelligents ? Car nous ne sommes pas intelligents. Nous sommes évidemment grisés par nos miracles technologiques, et l'humanité a été plus ou moins en harmonie avec la vie humaine par obligation cela ne veut pas dire que l'humanité n'a pas causé des dégâts : les humains ont beaucoup déboisé, beaucoup détruit. Tant que n'auront pas compris qu'au commencement est l'inintelligence nous continuerons à croire que nous sommes intelligents. C'est cela le quiproquo. Qu'est-ce qu'être intelligent ? Est-ce sortir le premier de

polytechnique ? Non. On peut sortir de polytechnique et être un crétin[42]. »

La théorie des intelligences multiples de Gardner permet de mieux comprendre l'idée qu'il existerait des formes diverses d'intelligences.

4.1.1. La théorie des intelligences multiples

Gardner, Howard[43] a-développé une approche extensive de l'intelligence en fondant une théorie des intelligences multiples. Il a ainsi remis en cause la domination de l'intelligence logico-mathématique en mettant en évidence d'autres capacités (musicales, interpersonnelles....) pouvant être appréhendées sur le registre de l'intelligence.

Intelligences	Composante-cœur : (aptitudes naturelles à)
Interpersonnelle	Traitement empathique et relationnel Aptitude à l'empathie (appréhender les choses du point de vue l'autre) et à la maîtrise des relations
Intrapersonnelle	Traitement émotionnel, assertif et autonome Aptitude à exprimer son ressenti sans blesser l'autre, aptitude à orienter ses émotions sur l'action
Musicale	Traitement tonal et rythmique Aptitude à appréhender la structure d'une œuvre et les éléments qui la composent et décryptage d'un discours musical
Kinesthésique	Traitement corporel et matériel Aptitude à contrôler des mouvements corporels ainsi qu'à manier des objets avec dextérité
Spatiale	Traitement « imagerie mentale » et métaphorique Aptitude à émuler la réalité ainsi qu'à recourir à la métaphore pour illustrer une idée, un concept
Linguistique	Traitement phonologique et grammatical Aptitude à opérer un acte auto-analytique c'est-à-dire à utiliser le langage pour réfléchir sur le langage, maîtrise de la sémantique, de la phonologie, de la syntaxe
Logico-Mathématique	Mathématique : Traitement rationnel et abstrait Niveau mathématique = aptitude à l'abstraction et au maniement de longues chaines de raisonnement Scientifique : Traitement pragmatique et intuitif aptitude à solliciter une intuition avant d'élaborer un concept, reste ancré dans l'univers physique
Naturaliste	Traitement taxinomique et comparatif Aptitude à reconnaître et à classer des espèces de la faune et de la flore, aptitude à reconnaître dans des cas isolés l'appartenance à un groupe

---

[42] « Numéro 8 | Sagesses-Bouddhistes ». Bouddhisme | France | Sagesses Bouddhistes Le Magazine. Pierre Rabhi « à contre-courant faire la simplicité une puissance »
[43] Gardner, Howard. Les Intelligences Multiples: La Théorie Qui Bouleverse Nos Idées Reçues. Retz, 2008.

Notre imaginaire de l'intelligence humaine est construit autour de l'intelligence logico-mathématique. Elle occupe une place écrasante dans la plupart des dispositifs de sélection sociale. Une batterie d'outils a été forgée pour la mesurer. Elle possède indéniablement de nombreuses vertus (capacité de raisonnement, résolution de problèmes…) autant de qualités dont une société a besoin pour se développer matériellement. Mais la question de savoir si cette forme d'intelligence amène son détenteur sur le chemin du bien commun reste posée.

4.1.2. Analyse des intelligences citoyennes

Nous proposons donc de prendre appui sur trois types de ressources étudiées par la psychologie positive et dont on peut faire l'hypothèse qu'elles sont productrices de citoyenneté

- L'intelligence émotionnelle[44]
- L'intelligence existentielle[45]
- L'intelligence psychologique   [46]

- Les outils de la transformation des consciences

Nous posons l'hypothèse que la conjonction de la puissance de ces forces psychiques oriente le comportement des individus vers la recherche du bien commun. Pour faire en sorte que les individus deviennent plus altruistes, il est inutile (ou plutôt il

---

[44] Ian Venter et Martina Kotzé - les différences au niveau de l'intelligence émotionnelle entre les dirigeants efficaces et les moins efficaces dans le secteur public « Revue Internationale des Sciences Administratives » 2011/2 Vol. 77 | pages 405 à 439 Article disponible en ligne à l'adresse : https://www.cairn.info/revue-internationale-des-sciencesadministratives-
[45] Bernaud, Jean-Luc. Introduction à la psychologie existentielle. 2018.
[46] Csillik, Antonia. Les ressources psychologiques: apports de la psychologie positive. 2017.

n'est pas suffisant) de leur enseigner les bienfaits et l'importance de l'altruisme. Vous pouvez leur donner des cours sur l'importance de la citoyenneté et l'entraide. Vous pouvez leur expliquer la nécessité vitale de protéger l'environnement. Il n'en sortira probablement pas grand-chose. Pour s'en convaincre, il suffit de regarder l'absence de prise de conscience individuelle et collective sur la catastrophe climatique qui s'annonce. Nous avons pourtant été informés.

Si les sciences de l'esprit nous ont enseigné quelque chose, c'est bien que pour changer, il faut que s'opère un processus de conversion. C'est par l'émotion, la rencontre de l'autre, l'accès à la dimension transcendantale de l'existence et la quête d'un soi meilleur que peut s'opérer ces processus. Il nous faut parler à l'âme et au cœur.

Permettez-moi de citer Pablo Servigne s'interrogeant sur les limites actuelles de la prise de conscience des élites et du citoyen de la catastrophe climatique et de l'effondrement du monde d'aujourd'hui à nos portes :

« Savoir ne suffit pas. Les responsables politiques qui discutent des chiffres ont lu les rapports des experts Ils savent. Mais ils n'y croient pas, comme si la tête savait mais le cœur s'y refusait. Les connaissances doivent percuter le corps les tripes pour prendre leur dimension et pour qu'on puisse croire[47] ».

- Processus d'éveil collectif

Le programme de transformation que nous proposons à travers le concept de « capital de citoyenneté » et derrière de promotion des intelligences citoyennes nous renvoie directement à la question de l'évolution des consciences. Le

---

[47] Telérama 4 janvier 2019

bouddhisme ne dit pas autres choses quand il en appelle à un éveil collectif :

« Avec un éveil collectif, les choses peuvent changer très vite. C'est pourquoi tout ce que nous faisons devrait avoir pour objectif de contribuer à cet éveil collectif. Les humains peuvent être pleins de haine, méchants et violents mais nous avons aussi la capacité avec une pratique spirituelle de devenirs compatissants et protecteurs non seulement envers notre propre espèce, mais aussi envers les autres espèces. Nous avons la capacité de devenir des êtres éveillés en mesure de protéger notre planète et préserver sa beauté. L'éveil est notre espoir. Il est possible. Nous devons nous secouer pour nous éveiller afin de changer de mode de vie, avoir plus de liberté, plus de bonheur, plus de vitalité, plus de compassion, plus d'amour. Nous devons réorganiser notre vie pour prendre soin de notre corps, de nos sensations, de nos émotions, de nos biens aimés et de notre planète. Prendre soin de nous-mêmes et des autres est le genre d'adaptation que nous voulons transmettre aux générations futures. Nous devons nous libérer des pressions que la société met sur nous. Nous devons résister. Notre façon de marcher depuis l'emplacement de la voiture jusqu'à notre bureau est une façon de réagir : « je refuse de courir. Je résiste. Je ne veux pas perdre un seul moment. Je revendique, ma liberté, ma paix, ma joie à chaque pas. C'est ma vie et je veux le vivre en profondeur[48]. »

Cette conversion des âmes nécessite d'apprendre à maîtriser les forces de conversion que sont les intelligences citoyennes.

---

[48] Thich Nhat Hanh, et Marie-Anne Tattevin. L'art de vivre. Courrier du livre, 2018.

- Hypothèses et certitudes

Nous allons proposer d'examiner certains dispositions en posant l'hypothèse qu'elles constituent des ressources favorisant l'émergence de comportements citoyens. Il nous faut tout de suite reconnaître les limites de nos travaux. Ce ne sont que des hypothèses. Il n'existe pas d'études sur l'ensemble des propositions que nous allons formuler permettant d'affirmer avec certitude les liens que nous supposons. Ces hypothèses s'appuient sur de nombreuses lectures, certaines études et une expérience de vie professionnelle et humaine. C'est à la fois beaucoup et peu. Suffisant pour formuler de telles propositions mais trop peu pour leurs donner le sceau de la certitude. Je laisse au lecteur le soin d'apprécier la pertinence de ces propositions à la lumière de sa propre expérience de vie et je nourris le secret espoir que certaines des propositions puissent faire l'objet d'études plus poussées.

- Disposition formulées en terme de « capacités à travailler » une question

Une dernière remarque avant d'engager la description des dispositions citoyennes : elles sont formulées en terme de « capacité à travailler » et en retour « à être travaillé par ».

Un tel choix n'est pas dû au hasard. Il exprime l'idée que la manifestation de ce type de compétences se donne à voir dans le fait d'arpenter un chemin, de travailler une question….

Au fond, les intelligences que nous allons explorer relèvent d'une quête et d'un travail de chacun. Prenons l'exemple de la bientraitance. Nous ne sommes jamais certains de l'être vraiment, de l'être suffisamment, de l'être tout le temps, de l'être au profit de suffisamment de personnes. Nous pouvons être tour à tour maltraitant et bientraitant. Même chez les pires des tyrans, il existe des forces de bienveillance. Même chez les plus grands bienfaiteurs, il existe des forces de haine. Nous pouvons déployer des forces de bienveillance dans certains espace sociaux (familiaux, amicaux…) et devenir un tyran dans l'univers professionnel. L'intelligence réside dans cette double <u>capacité de travail</u>, consistant à disposer de suffisamment de lucidité et de discernement pour observer sa part d'ombre et de faire preuve de tout autant de lucidité et de discernement pour observer chez les autres la part de lumière. La bientraitance est une question. Elle désigne un chemin de croissance individuelle et collective et implique un travail sans cesse remis en cause, jamais véritablement abouti. A la question « suis-je un individu bientraitant ?, la seule réponse valable est « cherche donc à l'être plus, plus souvent, avec plus de personnes, dans plus de circonstances, avec plus de profondeur et dans plus de milieux…. ».

Commençons par présenter l'intelligence existentielle.

4.2. L'intelligence existentielle

Pour travailler cette notion <u>d'intelligence existentielle,</u> nous prendrons appui sur les travaux de Jean-Luc Bernaud[49]. Ce dernier a beaucoup travaillé sur les questions du sens. Dans son ouvrage consacré à l'étude de la psychologie existentielle, il offre une synthèse des différentes théories pouvant être mobilisées dans le domaine de la psychologie existentielle et les différentes formes et contenus que l'on peut donner à l'intelligence citoyenne à travers les concepts d'authenticité, de questionnement, de sens de la vie….

---

[49] Bernaud, Jean-Luc - Introduction à la psychologie existentielle - Broché - 2018

L'examen des différents outils de mesures des « compétences » existentielles[50] nous permet de proposer une série de composantes pour définir cette intelligence.

4.2.1. Composantes de cette intelligence

Nous proposons de retenir 4 forces, compétences, ou dispositions constitutives de l'intelligence existentielle.

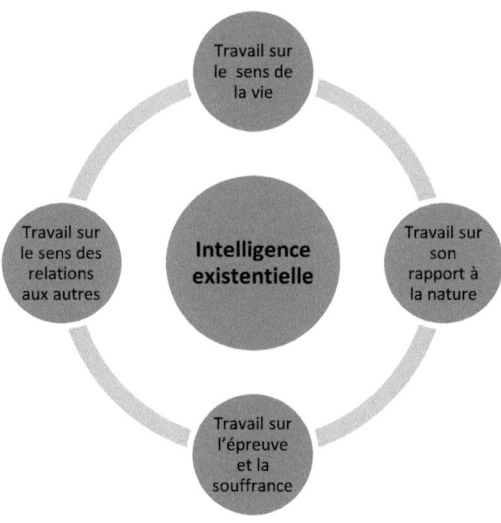

4.2.1.1. Travail sur le sens de la vie

Une première composante de cette intelligence réside dans la capacité à développer une expertise du sens et des sens sociaux et symboliques. Les individus disposant de ce type

---

[50] Echelle de la pensée existentielle - Echelle d'existence - Echelle du sens de la vie - Echelle de l'intelligence existentielle

d'intelligence réussissent à déceler les enjeux parfois cachés des différents espaces sociaux. Ils possèdent une forte capacité à percevoir et à orienter leur comportement en fonction d'enjeux jugés supérieurs. **Ils savent lire les cartes symboliques des mondes sociaux au sein desquels ils naviguent. Ils savent se diriger sur ces cartes vers les ports importants (les relations aux autres….) et ne pas céder aux sirènes de la réussite, de l'argent ou de la compétition.**

- Sens et émancipation des enjeux des espaces

Comme nous l'avons vu, le monde social peut se décomposer en plusieurs espaces : sportif, professionnel, culturel, familial…. Notre vie se décline en termes de fréquentation de ces lieux. Tous ces espaces sociaux cherchent à construire un rapport privilégié avec les individus en voulant faire prévaloir l'importance de leurs enjeux. Ils tentent ainsi d'inculquer des dispositions, des schèmes d'appréciation valorisant les enjeux de leur espace. Au quotidien, c'est l'ensemble de ces enjeux qui fabrique le sens que nous donnons à notre vie. Notre vie se compose d'un sens de la famille, du travail mais aussi d'un sens amoureux, d'un sens sportif….

Investir un espace social, c'est toujours prendre le risque d'y perdre son âme. C'est-à-dire de faire corps avec les enjeux internes, d'y déposer sa vie… de laisser cet espace coloniser son champ psychique. Tout espace a une tendance dominatrice selon une logique de croissance. Il exerce un pouvoir vampirisant et un pouvoir de reproduction des structures et des enjeux du champ

- Homologie entre les structures des champs et les structures psychiques

Un espace social est traversé d'enjeux et ses enjeux sont tellement intériorisés par les agents qu'ils finissent par faire corps, cœur et âmes avec eux. Le champ politique offre une lecture évidente de cette homologie entre les structures du champ et les structures psychiques.

Il est étonnant de voir combien d'hommes politiques sont habités et prisonniers de l'idéologie de leur parti politique. Ils se construisent une certaine vision du monde autour d'une logique d'affrontement gauche/droite. La division de leur espace professionnel s'inscrit dans leur esprit et donc dans les profondeurs de leur âme. Ils ont ainsi pu se construire un esprit de droite ou un esprit de gauche. Ils ont à leur disposition une boîte à outils conceptuelle et pratique dont la vocation principale ne consiste pas à résoudre le problème de la société mais à être en conformité avec ce que pense l'espace social politique de droite ou de gauche dans lequel ils s'inscrivent ; la simple observation du réel devrait suffire à constater l'échec de telle ou telle mesure, l'absurdité de telle théorie économique mais pour peu que cette mesure rentre parfaitement dans la Bible du parti « cachez ce réel que je ne saurais voir ».

À l'opposé, un individu doté de disposition d'indépendance doit être capable de sortir des enjeux des espaces sociaux dans lequel il est souvent enfermé et <u>investir un autre espace</u> symbolique au sein duquel domine la logique du bien commun.

Voici donc une première ressource dispositionnelle citoyenne consistant à favoriser les capacités à s'émanciper des enjeux du champ toujours relatifs et aliénants pour investir un espace social plus grand où il est question de

citoyenneté, d'altruisme et de protection de l'environnement.

Une autre composante marquante de l'intelligence existentielle est à chercher du côté du rapport à l'épreuve et à la souffrance. Être intelligent sur un ce plan, c'est être habité par une posture de travail, de quête, de questionnement et de recherche mais aussi de doute et d'humilité. Autant de forces favorables à l'éclosion d'un ethos citoyen.

4.2.1.2. Travail sur l'épreuve et la souffrance

Nous ne pouvons traverser la vie sans affronter les grandes questions existentielles. Cela signifie que nous devons travailler notre rapport à la souffrance, à la maladie et à la mort pour essayer de tendre, autant que possible, vers la construction d'une forme de sagesse. En effet, les rapports individuels et collectifs que nous pouvons construire à travers ces grands enjeux existentiels peuvent vite devenir de véritables démons psychologiques qui nous éloignent des chemins de la sagesse. Nous sommes au fond gouvernés par ces grandes questions existentielles et c'est dans la capacité à les affronter que se joue en partie notre inclinaison à faire prévaloir le bien commun.

- Affronter les démons existentiels

Si nous ne nous confrontons pas à la question de la mort et à notre propre finitude, nous pouvons alors développer des multiples pathologies ou autres mécanismes de défense. La peur de la maladie, de la souffrance et de la mort sont les parents de notre misère politique.

Victor Frankl a fondé une école de psychologie appelée La logothérapie.–Elle repose sur l'idée qu'une grande partie de notre souffrance n'est pas à trouver dans notre libido (Freud) ou même dans notre passé mais dans la réponse que nous apportons à la question du sens de la vie.

« Un homme qui réalise l'ampleur des responsabilités qu'il a envers un être humain ou vis-à-vis d'un travail qu'il reste à accomplir ne gâche pas sa vie. Il connaît le pourquoi de cette vie et pourra supporter tous les comment auquel il sera soumis. »

"La question n'est pas de savoir ce que j'attends de la vie mais ce que la vie attend de moi."

- Le voyageur dans le train de la vie

Nous sommes à l'image de ce voyageur dans le train de la vie[51]. Nous nous réveillons subitement sans savoir précisément où nous sommes et surtout sans connaître la destination de ce train. Nous nous précipitons alors pour interroger les autres passagers de ce train mais aucun d'entre eux ne connaît précisément cette destination et ne semble même s'en soucier. L'intelligence dont nous parlons est celle de ce voyageur qui tente de comprendre où va le train et, à défaut de pouvoir répondre à cette question à laquelle personne ne peut répondre, tente d'y substituer une autre question tout aussi importante : où est-il important qu'il aille ? Et comment puis-je agir pour l'orienter vers cette direction ?

Passons à la troisième composante de l'intelligence existentielle.

---

[51] Cette métaphore du train est connue dans le champ spirituel sans que l'auteur n'ait réussi à retrouver son origine.

4.2.1.3. Travail sur son rapport à la nature

L'intelligence existentielle se mesure aussi à la capacité d'un individu à développer un certain type de rapport à l'environnement, à construire des modes de perception permettant de percevoir la dimension sacrée et fragile de notre monde.

Le concept de résonance proposé par Hartmut Rosa me semble assez bien décrire cette idée :

« La résonance, c'est la conscience profonde, existentielle. Prendre du recul pour voir ce qui fait écho en nous, ce qui nous relie au monde. Elle n'est pas monolithique : pour certains, ce sera l'amour, pour d'autres, l'amitié, pour d'autres encore, l'engagement démocratique. Elle peut prendre une forme verticale, horizontale ou diagonale. La résonance, ce n'est pas du cognitif, c'est une manière différente de vivre, un <u>habitus existentiel</u>. *Regardez-vous face à l'océan ou dans un supermarché lorsqu'il y a des soldes : votre rapport au monde n'est pas le même. C'est pour cela que nous allons voir l'océan : nous voulons entendre le clapotis, nous sentir vivre. Le problème, c'est* l'hubris, *vouloir tout contrôler ou tout modifier, y compris la nature. Ce n'est pas raisonnable, revenons à* l'eudaimonia *d'Aristote. La bonne vie. Libre à chacun de la trouver dans l'amour, l'amitié ou même la religion. »*

Derrière ce type de dispositions, se cache la construction d'un certain type de rapport au monde. Un mélange de sacralisation et d'émerveillement qui ne peut être que corrélé avec le développement d'un véritable ethos écologique.

4.2.1.4. Travail sur le sens des relations

Les individus dotés de ce type de dispositions savent intuitivement et pratiquement que les relations aux autres sont au cœur de notre vie et de la qualité de notre vie. C'est toujours la relation à l'autre qui nous malmène ou nous épanouit. **Construire une société citoyenne, c'est donc naturellement construire une société de la relation riche et dense.**

Cette compétence rend particulièrement sensible aux enjeux relationnels. Elle peut parfois s'exprimer sous la forme **d'hypersensibilité.**

- La densité relationnelle

Les individus dotés de cette forme d'intelligence investissent positivement le champ des relations à autrui en tentant de construire des relations aussi denses que possible. Cette densité se manifeste par le contenu que l'on peut donner à certaines relations et par l'importance qu'on y accorde. La notion d'épaisseur relationnelle peut illustrer cette idée. **Une relation « épaisse » est une relation dotée d'un contenu riche et fort, qui peut résister aux temps et qui va chercher ses racines dans les profondeurs de nos âmes.** Cela implique de faire prévaloir les enjeux de préservation de la qualité relationnelle sur d'autres formes d'enjeux ou tout au moins de trouver les bons équilibres.

Cette intelligence peut se mesurer en partie à la richesse des relations que nous cultivons vis-à-vis des autres. Elle peut aussi se mesurer à l'aune du périmètre de notre **cercle de bientraitance.**

- Le périmètre du cercle de bientraitance

Cette capacité à mesurer l'importance des relations et à étendre le champ de cette importance au-delà de notre strict réseau intime constitue véritablement une disposition positive.

Cela implique de considérer que le sens de la vie est à trouver du côté de la construction de relations riches et sereines selon un cercle le plus large possible. Dans ce domaine, nous avons tous tendance à évaluer notre bientraitance relationnelle à l'aune des relations que nous entretenons avec nos proches. Or, l'élargissement du cercle de notre bientraitance relationnelle est une condition à l'émergence du bien commun. Pour reprendre une expression galvaudée, mais néanmoins porteuse d'une forme fondamentale de vérité, « nous devons rechercher la commune fraternité » c'est-à-dire activer selon un périmètre de plus en plus large les modes de perception fraternelle de l'Autre.

Il est probable que l'immense majorité des humains se considère comme bientraitant. La figure du « salaud » social qui assume est heureusement rare. Mais il serait faux de déduire de ce sentiment l'existence d'une réalité objective. Nous évaluons notre action à l'aune de nos comportements vis-à-vis de ceux qui nous sont proches. Et lorsque nous sommes amenés à déployer des comportements négatifs vis-à-vis d'autrui, nous allons alors chercher des bonnes raisons permettant de diminuer notre tension éthique et notre sentiment de responsabilité. Nous pouvons aussi (et c'est de loin la stratégie la plus fréquente) mettre à distance cet autre. Les riches se regroupent ainsi dans les beaux quartiers. Les blancs entre eux. Les êtres intelligents relationnellement ne sont pas simplement ceux qui réussissent à positiver l'action qu'il s'exerce sur ceux qu'ils rencontrent, ce sont aussi ceux qui vont à la rencontre de l'Autre, différent de soi, et qui sont capables de mesurer le poids de leur responsabilité sur la vie de cet autre.

En conclusion, nous avons exploré le concept d'Intelligence existentielle pour désigner l'existence chez certains individus de capacités, de compétences existentielles permettant le déploiement de forces citoyennes. Nous avons posé quelques pierres pour commencer à construire cet édifice ambitieux.

Nous dirons qu'un individu est doté de solides compétences existentielles lorsqu'il possède des dispositions permettant d'appréhender le sens profond des choses, de mesurer les priorités existentielles, d'apprécier l'importance des relations à l'autre, de s'engager sur un chemin de croissance, d'être habité par un certain nombre de questions existentielles, d'être animé par le souci de faire progresser les autres, qu'il a développé un rapport sacré à la nature… Toutes ces dispositions vont puiser à la même source de l'intelligence existentielle ou spirituelle.

4.3. Intelligence émotionnelle

Là aussi, l'idée que notre capacité à gérer notre monde émotionnel puisse être considérée comme une forme de capital n'est pas une idée neuve.

Cette dimension a particulièrement été analysée par Goleman et sa théorie de l'intelligence émotionnelle[52]. Il a popularisé ce concept en mettant en évidence que nos succès, notre bien-être étaient fortement dépendants de la capacité à mobiliser ce type de compétences. Il a ainsi proposé un certain nombre d'outils, et notamment une définition des différentes composantes de cette intelligence qu'il me semble utile de reproduire.

---

[52] GOLEMAN (Daniel), *L'intelligence émotionnelle*, Collection J'ai lu, 2014.

Composante de l'intelligence émotionnelle

1. La conscience de ses propres émotions est la capacité à reconnaître ses propres sentiments.
2. L'affirmation de soi est la capacité à exprimer ses sentiments, ses convictions et ses idées, et à défendre ses droits d'une manière non destructrice.
3. La considération pour soi est la capacité à se respecter et à s'accepter, en se regardant comme quelqu'un de « fondamentalement bien ».
4. La réalisation de soi se réfère à la capacité à réaliser ses potentialités.
5. L'indépendance est la capacité à gouverner soi-même ses pensées et ses actions, à en avoir le contrôle et à ne pas être sous le joug d'une dépendance émotionnelle.
6. L'empathie est la capacité à se rendre compte, à comprendre et apprécier les sentiments d'autrui.
7. L'aptitude à entretenir des relations interpersonnelles implique la capacité à établir et à maintenir des relations mutuellement satisfaisantes, qui se caractérisent par un contact étroit et le fait de donner et recevoir de l'affection.
8. La responsabilité sociale est la capacité à se montrer un membre coopératif, actif et constructif de son groupe social.
9. L'aptitude à résoudre les problèmes est la capacité à identifier et à définir les problèmes ainsi qu'à forger et mettre en œuvre des solutions potentiellement efficaces.
10. L'épreuve de la réalité est la capacité à évaluer la correspondance entre l'expérience vécue et la situation objective.
11. La flexibilité est la capacité à adapter ses émotions, ses pensées et son comportement à des situations et des conditions qui changent.
12. La tolérance au stress est la capacité à supporter des coups durs et des situations stressantes sans « s'écrouler », en faisant face au stress de façon active et positive.
13. Le contrôle des impulsions est la capacité à résister à une impulsion, une pulsion ou une tentation, ou à différer le passage à l'acte.
14. La joie de vivre est la capacité à se sentir satisfait de sa vie, à se sentir bien avec soi-même et les autres, et à s'amuser.

15. L'optimisme est la faculté à regarder les bons côtés de la vie et à conserver une attitude positive.

Venter Ian, Kotzé Martina dans ses travaux[53] sur l'analyse des différences au niveau de l'intelligence émotionnelle entre les dirigeants efficaces et les moins efficaces dans le secteur public apporte un certain nombre d'éclairages sur cette notion. Notons au passage qu'il aborde la question de lien avec l'intelligence émotionnelle et la performance tandis que notre travail porte sur le lien entre l'intelligence émotionnelle et les comportements de citoyenneté. Il nous met à disposition une série de blocs de capacités pour définir l'intelligence émotionnelle à partir d'une analyse de la littérature sur ce sujet

Bloc de compétences	Compétences
QE INTRAPERSONNEL	Aptitude à avoir conscience de ses émotions, ses sentiments et ses idées et à les comprendre
Conscience émotionnelle	Aptitude à reconnaître et à comprendre ses émotions
Affirmation de soi	Aptitude à exprimer ouvertement ses sentiments, ses convictions et ses pensées
Estime de soi	Conscience et respect de soi
Auto-actualisation	Aptitude à réaliser son potentiel et à participer à des activités que l'on apprécie
Indépendance	Autonomie et contrôle de soi dans ses pensées et ses actions
QE INTERPERSONNEL	Aptitude à avoir conscience des émotions et des sentiments d'autrui et à les comprendre

---

[53] Venter Ian, Kotzé Martina, « Les différences au niveau de l'intelligence émotionnelle entre les dirigeants efficaces et les moins efficaces dans le secteur public : étude empirique », Revue Internationale des Sciences Administratives, 2011/2 (Vol. 77), p. 405-439. DOI : 10.3917/risa.772.0405. URL : https://www.cairn.info/revue-internationale-des-sciences-administratives-2011-2-page-405.htm

Empathie	Aptitude à avoir conscience et à tenir compte des sentiments d'autrui
Relations interpersonnelles	Aptitude à établir des relations mutuellement satisfaisantes qui mettent en évidence une proximité
Responsabilité sociale	Le fait de démontrer que l'on est membre d'un groupe basé sur la coopération, et que l'on contribue de manière constructive au bien-être du groupe
QE D'ADAPTABILITÉ	Aptitude à faire preuve de souplesse et à modifier ses sentiments face à de nouvelles situation
Résolution des problèmes	Aptitude à identifier et à produire des solutions aux problèmes personnels et sociaux
Épreuve de réalité	Aptitude à évaluer la correspondance entre ses perceptions et la réalité
Souplesse	Aptitude à adapter ses sentiments, ses pensées et ses comportements face à de nouvelles situations
QE DE GESTION DU STRESS	Aptitude à faire face au stress et à contrôler ses émotions
Tolérance au stress	Aptitude à résister aux événements négatifs et aux situations stressantes
Contrôle des impulsions	Aptitude à résister ou à retarder ses impulsions et à contrôler ses émotions
QE D'HUMEUR GÉNÉRALE	Aptitude à ressentir et à exprimer des émotions positives et à rester optimiste
Bonheur	Le fait de se sentir satisfait de sa vie et d'exprimer des émotions positives
Optimisme	Aptitude à voir les choses du bon côté et à conserver une attitude positive face à l'adversité

De l'analyse de ces différentes composantes de l'intelligence émotionnelle, nous proposons de retenir trois dimensions au motif qu'elles nous semblent pouvoir être corrélées aux compétences citoyennes : un individu doté d'une bonne IE est capable de travailler (et obtenir des résultats) la question de l'émancipation émotionnelle, de la résilience et de la bientraitance.

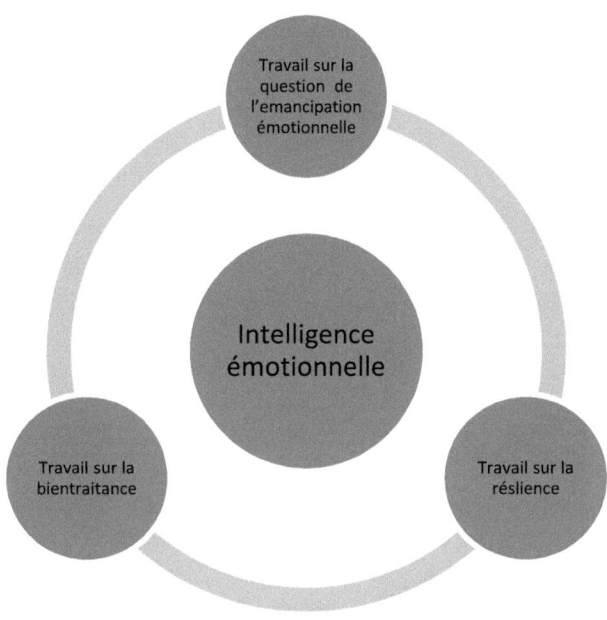

4.3.1. Un travail sur l'émancipation émotionnelle

L'émancipation émotionnelle permet de désigner la capacité d'un individu à sortir de son enfermement émotionnel.

- La caverne de Platon

Nous sommes à l'image du prisonnier de la caverne de Platon, ne percevant le monde qu'à travers nos filtres cognitifs et émotionnels (que nous ne percevons même pas comme des filtres). C'est bien qu'en apercevant notre enfermement que nous pouvons commencer à déployer l'énergie nécessaire pour sortir de cette prison. Cultiver son jardin ou accompagner la croissance de celui des autres impliquent de pouvoir porter son regard lucidement sur notre **terre émotionnelle**, en voir les mauvaises herbes et les potentiels de croissance. Si vous êtes habité par la haine, votre monde sera un monde de haine.

Les individus dotés d'une solide IEC sont, comme tout être humain, soumis à de multiples tempêtes émotionnelles mais ils savent reconnaître les émotions dominantes qui les gouvernent et ont la capacité à les mettre à distance lorsque cela s'avère nécessaire. Ils se connaissent suffisamment pour savoir que, comme tout être humain, ils sont objet de forces émotionnelles qui peuvent orienter profondément la vision qu'ils ont du monde. Un être habité par la jalousie ou par la peur aura nécessairement une certaine vision des espaces sociaux et des individus qui y agissent. Sans ce travail nécessaire d'émancipation émotionnelle, il traversera l'intégralité de sa vie en portant des lunettes le conduisant à voir des ennemis ou des dangers qui n'existent pas toujours. Le processus d'émancipation émotionnelle consiste donc à cheminer sur une voie de développement permettant d'acquérir une maturité émotionnelle suffisante, nous libérant du joug des émotions. Cela ne signifie pas que nous ne connaîtrons plus la peur ou la colère car de telles émotions peuvent être salutaires dans de nombreuses circonstances. Elles peuvent servir à nous révolter. Mais elles ne doivent pas être les maîtres de nos vies.

Mettre en place les dispositifs qui permettent d'inscrire l'ensemble des acteurs dans un schéma de progression sur le plan de la maîtrise des émotions, c'est semer les graines d'une société citoyenne.

- Décalage entre la maturité cognitive et émotionnelle : **des enfants émotionnels dans des corps de géants cognitifs**

Il est possible de voir, dans la catastrophe environnementale qui s'annonce le fruit d'un décalage entre le niveau de développement cognitif de l'être humain (particulièrement élevé) et son stade de développement émotionnel (particulièrement faible). Nous aurions ainsi une subjectivité puissante sur le plan cognitif, nous permettant de fabriquer des bombes atomiques, d'aller dans l'espace et en même temps, nous serions incapables de naviguer dans le monde émotionnel, dominé par des pulsions sexuelles, des quêtes de reconnaissance, des peurs et autres jalousies... Des <u>enfants émotionnels dans des corps de géants cognitifs.</u>

La maturité émotionnelle est la clé qui peut ouvrir les portes du bien commun, elle doit avoir la résilience citoyenne comme compagnon de route.

4.3.2. Un travail de résilience

En psychologie, la résilience est définie comme une « aptitude à faire face avec succès à une situation représentant un stress intense en raison de sa nocivité ou du risque qu'elle représente, ainsi qu'à se ressaisir, à s'adapter et à réussir à vivre et à se développer positivement en dépit de ces circonstances défavorables » (Office québécois de la langue française, 2009).

J-P. Pourtois, B.Humbeeck et H. Desmet, dans leur ouvrage consacré à l'analyse de la résilience[54], mobilisent la notion de « ressources » pour identifier un certain nombre de capacités favorisant l'émergence du processus de résilience. Pour eux, un individu résilient possède de nombreuses dispositions[55].

---

[54] Pourtois, J-P., Humbeeck, B., Desmet, H., *Les ressources de la résilience*, Presses Universitaires de France, Paris, 2012.
[55] Les ressources de la résilience : un individu résilient sourit de manière attachante, a le sens de l'humour, fait preuve d'amabilité et de charme, d'optimisme, éprouve un sentiment d'acceptation, fait preuve d'intelligence, de réalisme, d'imagination créatrice, d'aptitudes ludiques, d'attention focalisée ou sélective, manifeste des stratégies de *coping* adaptées, trouve des voies d'accomplissement par l'activité, manifeste le sens de l'organisation, fait preuve de sociabilité et/ou de socialité,

Lorsque nous nous efforçons de déterminer les liens entre certaines dispositions et les comportements de citoyenneté, il nous faut nécessairement nous pencher sur cet outil que constitue la résilience mais il faut également l'aborder avec beaucoup de précaution tant il recèle un grand nombre de pièges.

- Les pièges de la résilience

Le premier de ces pièges consisterait à développer une vision du monde où la notion de résilience deviendrait le facteur explicatif déterminant de la souffrance des individus. Comment concilier à la fois le constat scientifique qu'il existe des individus plus ou moins capables de sortir, pas trop abimés voir grandis[56] d'un certain nombre de situations difficiles, comment concilier cette idée avec l'idée tout aussi forte que la notion de résilience ne doit pas servir de paravent idéologique véhiculant des messages et autres injonctions politiques de sur-responsabilisation.

Nous pourrions franchir un tel pas idéologique en déployant le raisonnement suivant : s'il existe des individus capables de supporter une situation sociale professionnelle ou politique difficile et d'autres qui s'effondrent, c'est que fondamentalement l'origine de leur effondrement n'est pas à trouver dans la situation choquante mais dans l'existence de cette disposition. La solution consisterait donc à travailler le psychisme des individus en laissant de côté les origines structurelles et politiques de la situation choquante. C'est en grande partie la critique développée par Eva Illouz, et Frédéric

---

possède un sens éthique, fait preuve de stabilité identitaire, de moralité, d'altruisme, d'autonomie, manifeste une aptitude à la narration de soi, manifeste une estime de soi stable, fait preuve d'empathie, d'intelligence émotionnelle, de motivation, de spiritualité et de sens esthétique.
[56] Notion de croissance post-traumatique.

Jol dans leur ouvrage « *Happycratie: comment l'industrie du bonheur a pris le contrôle de nos vies*[57]. »

Face à cette critique, il est possible et souhaitable de distinguer deux formes de résilience. Pour le dire simplement et caricaturalement, à une conception néolibérale de la résilience nous pouvons opposer le concept de **résilience citoyenne**. Ces deux notions ne font pas appel aux mêmes types de disposition. Ainsi, les ressources d'optimisme, s'ils conduisent à tenter de faire passer des vessies pour des lanternes ou à développer une méthode Coué, me semblent relever d'une résilience néolibérale. À l'inverse, lorsque cette capacité à faire face aux épreuves permet de donner naissance à des luttes, au développement de formes de solidarités sociales et politiques, à sortir des idéologies mortifères, nous pouvons alors parler de résilience citoyenne[58].

4.3.3. Un travail sur la bientraitance

Si l'intelligence existentielle nous renvoyait à travailler le sens des relations, l'intelligence émotionnelle nous renvoie à notre capacité à positiver les relations.

Cette notion regroupe deux forces : réguler les impacts relationnels négatifs les plus toxiques (approche négativiste) et faciliter la croissance relationnelle citoyenne (approche positive)

Il existe de multiples façons par lesquelles nous pouvons exercer un impact positif sur l'autre : apprendre, faire

---

[57] Eva ILLOUZ, et Frédéric JOL - Happycratie: comment l'industrie du bonheur a pris le contrôle de nos vies ? - Editions Broché – 23 août 2018
[58] Jacques Lecomte propose le concept d'opti-réalisme en opposition à l'optimisme béat.

découvrir, développer le potentiel, enrichir son univers, donner du sens à ce qu'il fait, le soutenir, l'écouter, le conseiller, l'accompagner, lui apporter de l'aide, lui offrir quelque chose, le faire rire, le reconnaître, le faire exister, lui donner de la valeur, l'éduquer, lui donner un cadre, le sécuriser, le protéger sont quelqu'une des contributions positives que l'on peut offrir dans le cadre d'un régime relationnelle bienveillant.

Nous pouvons faire ce petit exercice de la **balance relationnelle**. Chacun d'entre nous sommes porteurs d'une balance. Sur un côté de la balance, nous pouvons placer tous les comportements relationnellement vertueux : diffusion d'émotions positives, apprentissage de la résilience, régulation d'émotions négatives….. De l'autre côté de la balance se trouve les comportements relationnels toxiques (accentuation des émotions négatives, fragilisation, déclin…). Cette balance est difficile à équilibrer. Elle est même particulièrement difficile à équilibrer sur certains métiers ou dans certains espaces sociaux. Encadrer, c'est devoir nécessairement relayer voire incarner des logiques organisationnelles complexes, des exigences de performance pouvant susciter des réactions émotionnellement fortes, véhiculer des injonctions contradictoires autant d'objets émotionnellement complexes. Personne n'a jamais prétendu que le travail relationnel était une question facile…. J'ignore s'il est possible qu'un individu ou une société arrive un jour à un stade de développement lui permettant d'exercer un impact totalement positif sur le plan relationnel mais c'est un chemin que les individus intelligents relationnellement tentent d'emprunter. Le bouddhisme a même de fait de cet objectif une voie d'éveil à travers la figure du bodhisattva.

De la même façon qu'un individu intelligent sur le plan mathématique a appris à maîtriser la façon d'utiliser son cerveau, l'intelligence citoyenne nécessite l'apprentissage et le développement d'une véritable expertise de soi, de faire croitre son adresse relationnelle citoyenne : qu'est-ce que je fais aux autres ? Dans quelle mesure je peux les faire progresser ?

Naturellement notre action s'inscrit dans le cadre d'un certain nombre d'espaces dans lesquels nous devons nécessairement endosser certains rôles sociaux mais chacun de ces rôles nous offre une marge de manœuvre sur le plan relationnel. Etre un mari ou une femme est une chose mais comment puis-je venir nourrir positivement l'être que j'aime ?

Pour terminer notre édifice du capital de citoyenneté, nous proposons d'examiner une autre forme d'intelligence : l'Intelligence psychologique.

Si nous essayions de concevoir la capacité d'un individu à changer positivement comme une forme d'intelligence ? Et si c'était ce type d'intelligence qui déterminait le plus fortement le comportement de citoyenneté ?

Ce sont ces questions que nous vous proposons d'explorer maintenant. Les travaux sur l'intelligence psychologique peuvent nous aider à éclairer cette réalité

4.4. Intelligence psychologique

Antonia Csillik dans son ouvrage consacré aux ressources psychologiques apporte un éclairage sur la notion d'intelligence psychologique. Elle nous donne un panorama des différentes définitions possibles

Pour Applebaum, l'IP se caractérise par « l'habileté d'une personne à saisir les relations entre les pensées, les sentiments et les actions, dans le but de comprendre le sens et les causes de ses expériences et comportements »

Pour Boylan ; l'IP peut se définir comme « la capacité et la volonté d'accéder aux sentiments, d'être ouvert à de nouvelles idées et au changement, de se juger et de se comprendre soi-même ainsi que les autres, de s'intéresser à la signification à l'origine d'un comportement, et de croire en les bénéfices de partager ses difficultés avec autrui. »

Ce sont ainsi près de 15 compétences qui sont mis en évidence à travers ce concept

Etre intelligent sur le plan psychologique, c'est être capable

1. de saisir les relations entre les pensées, les sentiments et les actions, dans le but de comprendre le sens et les causes de ses expériences et comportements
2. de percevoir et comprendre les états internes d'autrui.
3. d'ouverture aux idées nouvelles
4. d'ouverture au changement,
5. de croire en l'effet bénéfique de partager ses difficultés avec autrui,
6. de s'engager dans des attitudes affectives et intellectuelles en explorant "comment" et "pourquoi" soi-même et les autres se comportent d'une certaine manière ».
7. d'introspection (« inspecter à l'intérieur de soi »),
8. d'intérêt pour ce que ressentent les autres.
9. d'habileté à identifier les composantes intrapsychiques et de les mettre en lien avec les difficultés d'un sujet
10. d'intérêt et d'habileté pour ses états internes, ses comportements et ses intérêts
11. de la motivation pour accéder à la compréhension psychologique de soi,
12. d'accéder aux sentiments,
13. d'être ouvert à de nouvelles idées et au changement,
14. de se juger et de se comprendre soi-même ainsi que les autres,
15. de s'intéresser à la signification à l'origine d'un comportement,
16. de croire en les bénéfices de partager ses difficultés avec autrui

À travers cette notion d'intelligence psychologique, nous pouvons porter notre regard sur les capacités d'un individu à croître. Nous posons l'hypothèse qu'il existe un certain nombre de dispositions favorisant les capacités des individus à progresser, à évoluer pour franchir un certain nombre de stades.

Cette notion d'inscrit dans le courant de la psychologie humaniste et notamment les travaux Carls Rogers et sa notion de « tendance actualisante » :

« *Tout organisme est animé d'une tendance inhérente à développer ses potentialités et à les développer de manière à favoriser sa conservation et son enrichissement* »[59].

Il nous faut tenter d'extraire de l'ensemble de ces matériaux les capacités favorisant les comportements de citoyenneté. Parmi toutes ces capacités en lien avec l'intelligence psychologique, est-il possible d'en extraire certaines en posant l'hypothèse qu'elles favorisent l'éclosion de comportement citoyen ?

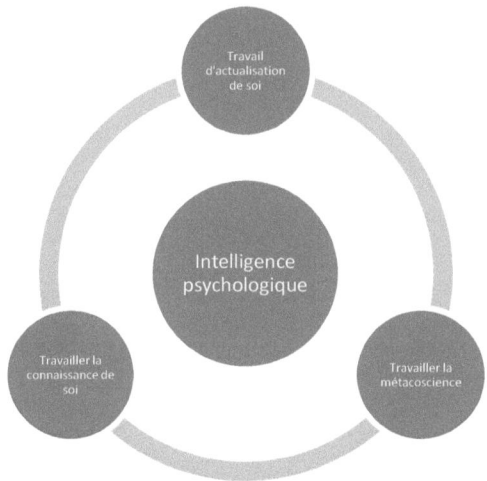

---

[59] Carl Rogers, André Botteman, André de Peretti (Préface), Psychothérapie et relations humaines : Théorie de la thérapie centrée sur la personne - Broché – 16 juin 2016

4.4.1. Travail de connaissance de soi

Une composante de l'intelligence psychologique est à chercher du côté de la connaissance de soi. Sans cette quête, nos vies sont guidées par des maîtres que nous ne percevons même pas.

De nombreuses composantes de l'intelligence psychologiques sont directement en lien avec les enjeux de la connaissance de soi

Les dispositions associées à la notion de connaissance de soi dans la théorie de l'intelligence psychologique

1. de saisir les relations entre les pensées, les sentiments et les actions, dans le but de comprendre le sens et les causes de ses expériences et comportements
2. de percevoir et comprendre ses états internes.
3. de s'engager dans des attitudes affectives et intellectuelles en explorant "comment" et "pourquoi" soi-même et les autres se comportent d'une certaine manière ».
4. d'introspection (« inspecter à l'intérieur de soi »),
5. d'intérêt pour ce qu'on ressent.
6. d'habileté à identifier les composantes intrapsychiques et de les mettre en lien avec les difficultés
7. d'intérêt et l'habileté d'une personne pour ses états internes, ses comportements et ses l'intérêt et à la motivation d'accéder à la compréhension psychologique de soi.
8. d'accéder aux sentiments,
9. de se juger et de se comprendre soi-même
10. de s'intéresser à la signification à l'origine d'un comportement,

Dans ses travaux[60] Rodhain Florence et Rodhain Angélique explorent les liens pouvant être tissés entre la connaissance de

---

[60] Rodhain Florence, Rodhain Angélique, « Pour une éthique des sciences du management : Formation à la connaissance de soi », La Revue des Sciences de

soi, la pratique managériale et les comportements éthiques. Elles militent pour le développement de formations dans ce domaine

> « *nous proposons que l'enseignement de l'éthique, au lieu d'être centré sur des aspects théoriques du développement durable ou de la RSE, passe avant tout par une connaissance approfondie de soi afin que l'individu (l'étudiant futur manager, le manager actuel, le chercheur) prenne conscience de son propre fonctionnement intellectuel et émotionnel. Cette <u>connaissance de soi</u> lui permettrait de ne plus être coupé de son environnement (social et écologique) et ainsi de prendre conscience de l'impact de ses propres pensées et actions sur celui-ci. Avant d'être responsable dans ses fonctions managériales, l'individu se doit d'être responsable dans ses actes au quotidien. L'éthique du management ne peut alors faire l'impasse sur les questions d'éthique personnelle* »

Un citoyen est d'abord et avant tout un individu qui a appris à se connaître dans ses forces comme dans ses faiblesses. Il connait certaines de ses émotions, ses croyances, ses modes de pensées, son système de valeur et il en perçoit les limites et les forces. Tel un capitaine de son bateau psychique, il se sait attiré par certains ports. Il sait affronter ses tempêtes émotionnelles. Il a appris à lire ses cartes cognitives. Il est disponible pour que s'ouvre à lui un espace de croissance que l'on peut appeler l'actualisation de soi

4.4.2. Le travail d'actualisation de soi

L'actualisation de soi peut être définie comme

> « *un processus de développement du potentiel de la personne en congruence avec son image de soi et avec son expérience d'elle-même et de son environnement.* »[61]

L'actualisation de soi, c'est apprendre à se développer et à déployer son potentiel. Des travaux de chercheurs ont permis

---

Gestion, 2012/1 (n° 253), p. 43-50. DOI : 10.3917/rsg.253.0043. URL : https://www.cairn.info/revue-des-sciences-de-gestion-2012-1-page-43.htm
[61] « Un instrument de mesure de l'actualisation de la personne à l'usage des praticiens » - Gilbert Leclerc Richard Lefrançois Micheline Dubé Réjean Hébert - INTERACTIONS - Revue semestrielle en psychologie des relations humaines – 2003 https://www.usherbrooke.ca/psychologie/recherche/publications/volume-7-no-2/

de proposer des échelles de mesures donnant à voir de façon plus précis le contenu de ce processus

Tableau 1 Classification des indicateurs sous les traits essentiels de l'actualisation[62]

1. Est consciente de ses ressentis
2. A une perception adéquate d'elle-même
3. Fait confiance à son organisme
4. Est capable d'insight
5. Est capable d'accepter des sentiments contradictoires
6. Est ouverte au changement
7. Est consciente de ses forces et de ses faiblesses
8. Est capable d'empathie
9. Est capable de se décentrer d'elle-même
10. Vit dans le présent (l'ici maintenant).
11. A une perception positive de la nature humaine
12. S'accepte telle qu'elle est
13. A une perception positive de l'organisme humain
14. Est capable de réactions spontanées
15. Est capable de contact intime
16. Donne un sens à la vie
17. Est capable d'engagement
18. Se considère responsable de sa vie
19. Assume la responsabilité de ses actes
20. Accepte les conséquences de ses choix
21. Agit selon ses convictions et ses valeurs
22. Est capable de résister aux pressions sociales indues
23. Se sent libre d'exprimer ses opinions
24. Se plaît à penser par elle-même
25. Se comporte de façon congruente, authentique
26. A un sens moral élevé
27. N'est pas paralysée par le jugement des autres
28. Se sent libre d'exprimer ses émotions
29. S'évalue sur la base de critères personnels
30. Donne un sens à sa vie
31. Garde contact avec elle-même et avec l'autre
32. Peut faire face à l'échec
33. Est capable d'établir des relations significatives
34. Recherche des relations basées sur le respect mutuel

- Une actualisation au service de finalité citoyenne

---

[62] « Un instrument de mesure de l'actualisation de la personne à l'usage des praticiens » - Gilbert Leclerc Richard Lefrançois Micheline Dubé Réjean Hébert - INTERACTIONS - Revue semestrielle en psychologie des relations humaines – 2003 https://www.usherbrooke.ca/psychologie/recherche/publications/volume-7-no-2/

Il existe chez certains individus des tendances et des capacités plus ou moins actives à rechercher leur développement et ce dernier peut être orienté sur des finalités diverses : acquérir des compétences, être plus heureux....Nous nous inscrivons clairement dans une conception de l'actualisation centrée sur le déploiement du bien commun. Peut-être d'ailleurs que c'est la seule façon de s'actualiser véritablement. Il suffit pour s'en convaincre d'observer les différentes critères de mesures de cette actualisation pour constater qu'une grande partie sont liés aux enjeux de l'intérêt général et de l'éthique : être capable d'empathie, de se décentrer, d'engagement, d'établir des relations significatives, donner un sens à la vie, avoir un sens moral élevé, rechercher des relations basées sur le respect mutuel....sont les parents de la citoyenneté

- Devenir un artiste de sa vie

Nous pouvons déployer beaucoup d'énergie, de talent et de temps pour devenir des artisans de nos vies et ce, dans de nombreuses sphères de notre existence. Pour apprendre un métier, nous devons nous former, apprendre à utiliser des outils et des matériaux. C'est à ce prix que pouvons ainsi produire de belles œuvres selon les talents qui nous ont été offerts ou que nous avons réussi à cultiver.

Personne ne contestera que se trouve dans cette croissance professionnelle un mélange de compétences, de capacités et une ou des formes d'intelligences. Ce raisonnement que nous pouvons appliquer à l'ensemble des espaces sociaux peut aussi se déployer à l'échelle d'une vie humaine. Il est possible de concevoir notre vie comme une œuvre d'art, peut-être même comme la plus grande et la plus importante qu'il nous sera jamais donné de produire.

Si nous acceptons cette idée, au fond assez simple, que nous sommes des créateurs de nos vies alors la nécessité de se pencher sur les savoirs, savoir-faire, savoir- être et autres énergies motivationnelles nécessaires pour arpenter le chemin de cette création s'impose à nous.

Il devient alors utile de mesurer notre talent, notre force artistique, cette capacité à <u>travailler sa vie</u>[63], à faire de sa vie une belle vie.

Ce type de capacité nous renvoie à l'univers du développement personnel. Or force est de constater que cet univers peut aussi se révéler piégé....

- Du développement personnel au <u>développement citoyen</u>

La place qu'occupe désormais le développement personnel au sein des librairies témoigne du déploiement d'une pulsion de plus en plus forte à rechercher son bonheur, son développement ou encore le déploiement de tout son potentiel ; mais dans quel but ?

Là encore, il semble souhaitable de distinguer plusieurs formes de développement personnel (une forme néolibérale et une forme citoyenne ?). Selon une approche du développement personnel néolibéral, les outils de développement sont mis au service de la croissance du moi dans une logique individualiste voire compétitive. Nous cherchons à nous développer pour être plus heureux, peu importe qu'autour de nous le monde s'écroule. Nous allons puiser dans la boîte à outils de bonnes

---

[63] Je me permets de souligner cette notion de travail pour exprimer l'idée que nous pouvons appliquer les outils de l'univers du travail au champ du développement personnel. Si nous considérons cela comme un travail, alors il faut y consacrer de l'énergie, développer des outils, des expertises... le bouddhisme a d'ailleurs retenu cette notion de travail comme outil de transformation et d'éveil.

méthodes permettant, peut-être même, de ne plus voir ce monde qui s'écroule.

Mais nous pouvons aussi développer une conception citoyenne du développement personnel. La croissance d'un individu s'exprime alors à travers son orientation altruiste, spirituelle… Il existe une différence fondamentale entre ces deux approches. **D'un côté, tenter de maîtriser son monde émotionnel pour être plus performant ou tout simplement être plus heureux et de l'autre, tenter de maîtriser ses démons émotionnels pour réussir à sortir de sa coquille et se mettre au service de l'humanité toute entière.**

- Du moi néolibéral ou soi citoyen

Les individus disposant de ce type de compétences mobilisent une énergie considérable tournée autour des enjeux de déploiement de leur potentiel selon une orientation citoyenne. Ce déploiement est orienté dans un sens transcendant les différents enjeux des espaces sociaux. Il ne cherche pas simplement à devenir un bon sportif mais quelqu'un de meilleur en se situant implicitement ou explicitement sur une échelle sociale complexe et indépendante de celle qui est mise à disposition au sein de la plupart des espaces sociaux. Le but qu'il cherche à atteindre est donc d'une nature supérieure.

Pour les individus dotés de cette forme d'intelligence, les activités qu'ils réalisent, que ce soient du sport ou de la musique, sont en quelque sorte de simples supports à une quête supérieure dont ils n'ont d'ailleurs pas toujours conscience. Au final, le grand sportif est non seulement celui qui a réussi à dominer le champ sportif mais également à mettre son talent <u>et son espace social</u> (qu'il domine) au service de la citoyenneté.

- Ovni social et miracle citoyen dans le champ sportif

Dans le champ sportif, une telle conversion a pu être incarnée à travers la figure de Socrates. Ce footballeur brésilien des années 1970 laisse, dans l'histoire du football, la trace non seulement d'un footballeur exceptionnel mais aussi d'un militant ayant mis son sport au service d'une cause politique. En pleine dictature, il a utilisé le football, avec son équipe, comme un outil de promotion de l'autogestion et de la démocratie.

"Nous exercions notre métier avec plus de liberté, de joie et de responsabilité. Nous étions une grande famille, avec les épouses et les enfants des joueurs. Chaque match se disputait dans un climat de fête (...) <u>Sur le terrain, on luttait pour la liberté, pour changer le pays</u>. Le climat qui s'est créé nous a donné plus de confiance pour exprimer notre art[64]*."*

Là où le football moderne offre le plein déploiement d'un soi néolibéral à travers la figure du footballeur gavé de richesse et individualiste, Socrates a offert au monde la figure d'un footballeur citoyen. Il a ainsi marqué l'histoire de son pays et du football. Pour qu'un tel prodige puisse s'accomplir, il faut que de tels individus disposent de ressources (Socrates était aussi médecin soit une anomalie culturelle dans le monde du football). **On peut naturellement attendre et espérer que de tels ovnis sociaux puissent éclore par hasard dans les espaces sociaux et de temps en temps, en effet, des grands réformateurs de génie apparaissent sur la scène tel un miracle symbolique. Mais nous pouvons aussi apprendre à cultiver ce type de prodige, à devenir des magiciens du social, capable de semer les graines de ce genre de miracle de citoyenneté. Le développement personnel est ce genre de graine lorsqu'il prend le couleur du bien commun.**

---

[64] https://www.humanite.fr/democracia-corinthiana-sur-le-terrain-de-la-conscience-544383

Le développement personnel citoyen est la forme la plus élaborée du développement social s'il prend la forme de la recherche de la citoyenneté[65].

Mais la quête n'est pas suffisante, encore faut-il acquérir les moyens de se transformer. L'envie de créer une œuvre meilleure est importante mais elle peut vite être limitée, voire gâchée, si nous n'apprenons pas à maîtriser les bons outils. À la façon d'un peintre, nous devons apprendre à manier les techniques et les outils qui nous conviennent pour produire une œuvre aussi riche que possible.

- Les compétences d'actualisation

Il est, en effet, important de réussir à activer les bons leviers de changement. Ils peuvent être différents selon les individus, les époques, les contextes et les configurations relationnelles. Cependant, une partie du processus d'actualisation de soi passe nécessairement par la capacité des individus à trouver leurs propres leviers, ceux qui leur permettront de progresser et de devenir des êtres meilleurs. Certains pratiqueront la méditation, d'autres auront besoin d'un accompagnement thérapeutique ou spirituels, d'autres encore se développeront grâce à la lecture. Il existe dans ce domaine une multitude d'outils.

Dans la gamme des compétences nécessaires pour faire émerger le soi citoyen, il est utile de s'arrêter un instant sur une forme spécifique de compétence « la métaconscience citoyenne »

---

[65] Idée reprise des travaux de Thomas d'Ansembourg, et al., *La paix, ça s'apprend !: guérir de la violence et du terrorisme,* Actes Sud, 2016.

4.4.3. Travailler la méta-conscience

Dans sa thèse[66] « L'éveil à la méta-conscience et la formation du gestionnaire, ». Hamel, Liliane Alameda propose et analyse le concept de méta-conscience pour en faire une compétence centrale dans le développement du potentiel humain. Elle propose ainsi de développer des formations à la méta-conscience pour les managers. Elle pense nécessaire de mettre en mouvement leurs capacités réflexives. Elle part de la difficulté éthique de la posture professionnelle des encadrants devant concilier des valeurs personnelles et professionnelles parfois contradictoires ; cette difficile conciliation donnant naissance à de multiples difficultés existentielles. Elle invite les organisations à travailler la question des formations sous l'angle de la transmission de cette compétence « méta-conscience ».

Pour le dire simplement, la méta-conscience c'est « *la capacité à prendre conscience de ses différents états de conscience…….Avoir conscience d'être conscients* ».

Percevoir nos émotions, nos pensées, notre imaginaire et nos valeurs, c'est, au fond, avoir accès à l'ensemble des filtres par lesquels nous voyons et nous traversons la vie. C'est également les percevoir pour ce qu'ils sont, des filtres forcément perfectibles, sous l'influence de déterminations cachées, parfois toxiques, d'autres fois vertueux. C'est les percevoir dans leur potentiel et leur fragilité. C'est accéder au monde qui nous gouverne. C'est sortir de la caverne de Platon. C'est la définition même de l'émancipation.

---

[66] Hamel (Liliane), *L'éveil à la métaconscience et la formation du gestionnaire*, 2009. corpus.ulaval.ca, https://corpus.ulaval.ca/jspui/handle/20.500.11794/21018

Après la question de l'émancipation politique et sociale, doit venir celle de l'émancipation psychique car elle est une condition à la réalisation de la première. Les guerres ne sont pas simplement sociales et politiques (elles le sont bien évidemment) mais elles sont aussi psychiques, et nul ne sort vainqueur d'une guerre sociale et politique s'il ne s'est pas libéré de ses démons existentiels.

Permettez-moi de citer de nouveau Liliane Hamel exprimant la puissance de développement de cette idée, véritable « *processus d'humanisation* » :

« C'est dans cette perspective que l'on peut concevoir l'émergence de la conscience morale propre à l'humain et de sa liberté. Les caractéristiques de la méta-conscience nous font découvrir son rôle capital dans la vie individuelle et collective des êtres humains. Selon les experts du domaine, elle serait le plus haut niveau de réalisation dans un processus d'humanisation. On peut se demander pourquoi on n'a pas mis le développement de la méta-conscience au cœur de l'éducation. Il est difficile de comprendre pourquoi les humains n'ont pas porté plus d'attention au processus duquel émergent notre autonomie, notre moralité et notre créativité-» p138.

Nous disposons maintenant de plusieurs hypothèses de travail permettant de jeter des ponts entre certaines formes de dispositions (compétences, intelligences, forces…peu importe leur nom) et des comportements vertueux sur le plan de l'intérêt général. L'intelligence émotionnelle, existentielle et psychologique peuvent être de véritable graines de citoyenneté.

Nous pouvons remarquer qu'il existe des liens forts entre ces trois formes d'intelligences. Les types de dispositions mises en avant pour donner un contenu à l'intelligence émotionnelle se retrouvent en partie dans la description de l'intelligence psychologique. Elles ne sont que des grilles de lecture qui peuvent se superposer, se compléter et s'enrichir pour faciliter la mise en évidence de dispositions pouvant donnant naissance à des comportements vertueux.

Explorons plus précisément la nature de ce lien en tentant d'éclairer les mécanismes à l'œuvre dans ce processus de citoyennisation.

4.5. Des intelligences productrices de citoyenneté

- La puissance de « citoyennisation » de l'intelligence émotionnelle

La puissance de « citoyennisation » de l'intelligence émotionnelle se trouve dans sa force émancipatrice. Elle nous fait sortir de notre enfermement émotionnel pour donner naissance au déploiement des forces de vie.

Reprenons appui sur les travaux de Rodhain Florence et Rodhain Angélique analysant l'impact des processus de transmission des connaissances sur notre monde émotionnel

« ...*les connaissances seraient capables de « couper le canal » de certains types de sensation, du fait des croyances de l'individu, le poussant ainsi à rejeter ce type d'information. La prédominance de la seule raison computée par l'intellect conduit généralement à recaler au second plan des modes de sensation subtils, tel le ressenti corporel. Globalement, le mode de connaissance privilégié est celui où le corps n'est pas considéré comme apportant des informations. C'est l'hypothèse formulée précédemment : la connaissance purement intellectuelle, coupée du corps, serait une connaissance mutilée, duale. Il est une chose de ne pas interpréter les sensations reçues, il en est une autre de couper le canal : est-ce qu'à force de ne plus prendre en compte les sensations subtiles, autres que langagières, dans l'analyse d'une situation, on parviendrait à complètement les ignorer au point de se couper de la source ? Si tel était le cas, n'assisterions-nous pas alors à un gâchis formidable ? Les stimuli seraient multiples, mais du fait de nos croyances, nous nous interdirions de considérer tout un ensemble de stimuli qui nous permettrait peut-être d'approcher la réalité de façon moins mutilante »*[67]

Un homme gouverné par ses émotions est un homme soumis aux puissances de l'envie, de la jalousie et de la colère. Ses actes, sa vision du monde sont filtrées par de telles émotions. Lorsque nous réussissons à calmer nos tempêtes émotionnelles alors le discernement et la sagesse peuvent prendre place. Il me semble même que l'amour, l'empathie, la bienveillance peuvent aussi se déployer.

- La puissance de « citoyennisation » de l'intelligence existentielle

L'intelligence existentielle nous permet quant à elle de nous libérer des enjeux des espaces sociaux (gagner un match, acheter une maison...) pour accéder à une dimension plus profonde de l'existence (transmettre, laisser une trace positive....). J'ai vu des salariés fusionnant avec les enjeux de leur organisation. L'expression « perdre son âme » ne fait en réalité qu'exprimer cette réalité : son âme est partie dans un univers qui n'est plus le sien. Où va l'âme lorsqu'elle est libérée des enjeux des espaces sociaux ? Il me plait à penser et à observer qu'elle se dirige du côté de la grandeur humaine que l'on nomme bien commun.

- La puissance de « citoyennisation » de l'intelligence psychologique

---

[67] Rodhain Florence, Rodhain Angélique, « Pour une éthique des sciences du management : Formation à la connaissance de soi », La Revue des Sciences de Gestion, 2012/1 (n° 253), p. 43-50. DOI : 10.3917/rsg.253.0043. URL : https://www.cairn.info/revue-des-sciences-de-gestion-2012-1-page-43.htm

Nous naissons fragile. Nous héritons des qualités mais aussi des filtres existentiels et émotionnels de nos pères et de nos mères (que parfois nous pouvons appeler défauts) . Nous sommes façonnés par mille forces et angoisses. L'intelligence psychologique nous ouvre la porte de la transformation positive, de la croissance psychologique. Elle est la force de la transformation. Elle est l'énergie du changement individuel. Pour cheminer sur le route du bien commun, il nous faut apprendre à se connaître et disposer des compétences pour tordre certaines de ces dispositions et les mettre au service d'une oeuvre supérieure.

Nous allons donc considérer qu'une bonne maîtrise de son monde émotionnel peut être associée à la capacité d'un individu à maîtriser les forces émotionnelles négatives (jalousie, peur, colère, etc.) et laisser se développer des <u>forces émotionnelles citoyennes</u>. La possession de ressources relationnelles positives permet à l'individu de s'inscrire dans la recherche de relations denses, bientraitantes et riches. À travers la notion de ressources spirituelles, nous pourrons mettre en avant l'importance des questionnements existentiels, la capacité à se situer dans un espace d'existence supérieur, à faire prévaloir des enjeux transcendants et ainsi donner une dimension plus dense sa vie. Enfin, la troisième composante de la citoyenneté que nous proposons est à trouver dans la capacité à s'inscrire dans une quête **d'actualisation de soi**. Il s'agit à travers cette expression de désigner la force des individus cherchant à traverser la vie en tentant de croître sur de multiples dimensions et ainsi de devenir une femme ou un homme meilleur.

Nous voilà maintenant arrivés au bout de la construction de notre édifice.

Nous avons décidé de retenir trois formes d'intelligence comme constitutives d'un capital de citoyenneté : l'intelligence existentielle, l'intelligence émotionnelle et l'intelligence psychologique

Nous n'avons fait que poser quelques pierres en laissant en suspens de nombreuses questions : comment mesurer ces formes d'intelligences ? Sont-elles toutes scientifiquement corrélées à des comportements pro-sociaux ? Quels sont les possibilités effectives de les acquérir ?

Malgré toutes ces imperfections et limites, il semble que l'arbre que nous avons planté peut donner quelques fruits intéressants, que cet édifice peut servir de base à des constructions plus solides.

Comment décrire au final cet individu porteur d'un *ethos* citoyen ?

4.6. Un ethos citoyen

Nous voyons ainsi se dessiner la figure d'un individu en quête de progrès, bientraitant, émotionnellement sage et spirituellement développé. Cet homme-là a réussi à franchir un stade de développement, véritable progrès anthropologique. Il est le seul capable d'enfanter une nouvelle civilisation bientraitante, émotionnellement régulée et habitée par une certaine conception profonde et exigeante du sens de la vie.

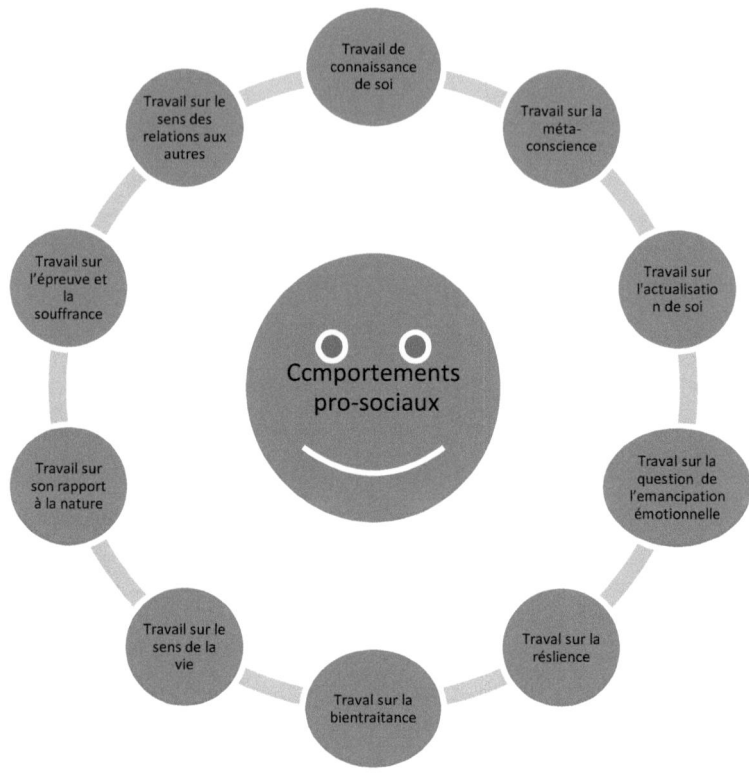

Nous ne souhaitons pas seulement décrire un individu vertueux. Nous souhaitons poser les bases de la fabrique sociale d'un **ethos citoyen** et pour que nous puissions parler d'*ethos*, il faut aller porter notre regard sur la place occupée par ce type de disposition au sein des différents espaces sociaux. Si par société citoyenne, nous entendons la capacité d'une société à faire croître chacun de ses citoyens pour faire d'eux des individus se mettant au service du bien commun, il faut alors interroger les mécanismes et les autres dispositifs mis en œuvre permettant de faire advenir et de cultiver ce type de dispositions citoyennes. Ce n'est qu'à ce prix que nous pourrons activer les outils pour que se diffuse dans le corps social un certain type d'esprit civique et que pourront alors émerger les forces et les énergies se mettant au service de fins supérieures.

Ce processus que nous allons maintenant étudier nous proposons de le nommer **capitalisation citoyenne des espaces sociaux**.

5. Capitalisation citoyenne des espaces sociaux

5.1. Capitalisation citoyenne

Dire qu'il existe un capital culturel de citoyenneté, c'est d'abord faire le constat que certaines dispositions individuelles sont positivement corrélées avec l'existence de comportements de citoyenneté. Une société doit donc travailler à cultiver et à diffuser dans le corps social, dans les « champs » sociaux, ce type de dispositions. Nous enclencherons alors ce processus de **citoyennisation de la société**. Mais pour que ces dispositions soient influentes au sein d'un espace, il faut qu'elles se constituent (ou qu'une banque symbolique les constitue) en capital. Il est nécessaire que ce type de dispositions individuelles prennent de la valeur au sein d'un espace c'est-à-dire qu'elles deviennent utiles. C'est ainsi que se mettra en place le processus d'attraction et d'orientation de l'énergie sociale du champ vers l'acquisition de ce type de disposition. Sur un plan formel, ce **processus d'attraction psychique** s'appuie sur les dispositifs de formation, de sélection, d'évaluation, de transmission...

5.1.1. Attraction psychique et fertilisation

En d'autres termes, la capitalisation d'un espace social peut aussi se définir comme le processus permettant de rendre intéressant l'acquisition de certaines dispositions morales et culturelles.

Citons Jacques Merchiers analysant la question de l'existence de dispositions morales dans la sociologie bourdieusienne et s'attardant ainsi sur la notion d'intérêt :

« -Bourdieu se demande bien s'il ne serait pas possible d'envisager, fût-ce à titre de perspective idéale, la notion d'un intérêt tellement particulier qu'il serait « intérêt au désintéressement » ou mieux, une disposition désintéressée ou généreuse. Il envisage ainsi qu'il puisse exister « des univers sociaux dans lesquels la recherche du profit strictement économique peut être découragée par des normes explicites ou injonctions tacites de sorte que les individus soumis à ces champs acquièrent « des habitus "désintéressés", des habitus antiéconomiques, disposés à refouler les intérêts, au sens étroit du terme (c'est-à-dire la poursuite des profits économiques »[68].

Il s'agit d'une véritable entreprise de **fertilisation des espaces sociaux** permettant de donner à ce type de dispositions de la force, une puissance d'attraction telle qu'elles peuvent orienter l'énergie individuelle et collective et faire œuvre de socialisation.

Il nous faut observer et comprendre le travail social de conversion des dispositions individuelles en des formes de capitaux.

- Les technologies de la fabrique des subjectivités

Par quelle magie sociale et symbolique, chaque espace social fabrique des *ethos* ?

---

[68] Merchiers (Jacques), « Y a-t-il des dispositions morales ? », L'Année sociologique, 2004

Il le fait en inventant et en déployant une technologie de la fabrique des *ethos* en conformité avec ses enjeux. Pour que de telles dispositions deviennent attractives, il faut d'abord qu'elles se fassent capital. Il faut les faire exister (référentiel de compétences), les reconnaître voire les consacrer (évaluation….) et peut être même les rémunérer (la notion de rémunération au mérite est censée récompenser certaines compétences dont des savoir-être). Il faut aussi les transmettre (formation…). Il est aussi utile de réguler les contrevenants c'est-à-dire d'exclure de l'espace social autant que de possible les individus n'ayant pas intériorisé les codes, (sanctionner, discipliner…). Mais le plus efficace est encore de mettre en place des barrières à l'entrée pertinentes (processus de recrutement et de sélection…).

Formulé de cette façon, ce type d'entreprise peut se révéler inquiétant ou liberticide. Elle heurte notre sentiment de liberté. En réalité, ce type de pratique sociale est le quotidien des directeurs des ressources humaines, des entraineurs, des prêtres….Une telle entreprise de socialisation est, en effet, largement à l'œuvre dans le corps social. Elle vise, il est vrai, plus à produire un « nouvel esprit du capitalisme » mélange d'esprit de compétition, d'individualisme et de matérialisme qu'à cultiver les comportements pro-sociaux.

- La force de ces technologies

C'est dans ce travail social que ce joue en grande partie la fabrique des ethos. C'est donc grâce au développement d'une expertise de ce travail social sur l'intériorité que nous pouvons espérer donner naissance à « l'homoécologicus ». A défaut, nous allons prier pour voir émerger « spontanément », comme sortie de nulle part, de nul champ social (un OVNI venu d'un autre monde social), une nouvelle conscience citoyenne capable de répondre aux enjeux écologiques. Pour naître, une telle conscience devrait se révéler plus puissante que l'ensemble des forces sociales orientant nos ethos contemporains vers l'individualisme, la consommation, le plaisir….. Sans la mise à disposition d'outils lui donnant plus de force, le combat est perdu.

- La régulation citoyenne

Si nous laissons les espaces sociaux fonctionner centrés sur leurs propres enjeux, ils développent une certaine conception du capital produisant des dispositions centrées sur leurs propres intérêts et sans lien avec la notion de bien commun. Tout l'enjeu du développement de la citoyenneté consiste à tenter d'introduire de <u>la régulation citoyenne</u> au sein de chaque espace social, c'est-à-dire d'introduire des formes de capitaux invitant voire contraignant les agents à développer un certain nombre de dispositions, développer certains comportements car ce type de comportements <u>fait désormais sens au sein de l'espace social</u>. Il fait partie intégrante des enjeux, des nécessités et des règles du jeu du fonctionnement de cet espace.

Cette capitalisation citoyenne peut être activée selon deux modalités

- Capitalisation positive interne versus capitalisation positive externe

La valeur d'un capital au sein d'un espace social dépend étroitement des règles du jeu instaurées au sein de cet espace. Pour reprendre la métaphore sportive largement utilisée, il est clair qu'au sein de cet espace social, l'esprit compétitif constitue une ressource, c'est-à-dire qu'il favorise l'accès à des positions dominantes en permettant de gagner des compétitions. Il est très certainement plus facile de faire carrière au sein de cet espace si un individu est doté d'un certain « sens de la gagne ». Ce type de dispositions découle en vérité directement des règles du jeu. Imaginons un jeu coopératif n'ayant ni vainqueur ni vaincu. Il est évident que le type de dispositions nécessaires pour jouer et faire carrière au sein de cet espace sera d'une nature fondamentalement différente. Pour gagner au sein de ce nouvel espace, il faudra susciter la confiance, ne pas trahir, aider l'autre…. bref faire preuve d'un « sens de l'humanité » différent.

Ce processus consistant à tenter d'agir en interne sur les règles du jeu et les enjeux du fonctionnement d'un espace social pour y introduire des graines positives de citoyenneté, nous proposons de le nommer « capitalisation positive citoyenne interne ».

Il est à distinguer du processus de capitalisation positive citoyenne externe. Ce dernier consiste à tenter d'introduire des mécanismes de régulation externe pour faire peser, dans le fonctionnement d'un espace social, une autre forme de capital et pour assurer la prise en compte de certaines formes de dispositions. Ce type d'intervention peut se faire à travers les mécanismes de sélection, de carrière ou de formation…. Nous pouvons considérer ce processus comme externe car les dites dispositions ne possèdent pas directement un sens au sein de l'espace social en question. Ainsi, la prise en compte de dispositions altruistes au sein de l'univers sportif ne constitue pas spontanément un critère d'appréciation. Pour autant, une société citoyenne pourrait considérer que l'introduction de tels mécanismes peut s'avérer vertueux. La question devient alors : « Dans quelle mesure pouvons-nous introduire, au sein d'un espace doté de ses propres règles, de ses propres enjeux, des mécanismes de régulation permettant la prise en compte de certaines formes de dispositions positives ? ».

Pour répondre à cette question, il faut examiner les dispositifs techniques assurant la mise en valeur de ce type de capital culturel ce que nous pouvons appeler « les relais techniques et symboliques ».

- Les relais techniques et symboliques : comment instaurer des <u>relais citoyens</u> ?

Un processus de capitalisation a besoin de disposer de relais techniques et symboliques pour exister surtout lorsqu'il ne sert pas directement les intérêts du champ.

Reprenons l'exemple du secteur sportif.

Nous pouvons mettre en évidence l'existence d'un capital sportif : force physique, adresse, connaissance des règles, sens du jeu...sont autant de ressources utiles au sein cet univers.

Cet espace social se dote de toutes les technologies pour travailler ce type de capital : entraîneur, formation, équipement, etc. D'une certaine façon, l'ensemble du fonctionnement de l'espace est centré sur la transmission et l'acquisition de ce type de capital sportif. Le capital sportif peut d'ailleurs être utile et être convertible hors de cet univers. Il n'est pas rare qu'un bon joueur puisse obtenir un emploi ou un certain nombre d'avantages voire même une rémunération.

Si demain vous décidez d'introduire un autre type de capital complémentaire au capital sportif au sein de cet espace comme le principe de coopération (pour rendre l'esprit de compétition moins dominant), vous allez devoir inventer des dispositifs permettant de rendre ce principe applicable. De tels dispositifs peuvent, par exemple, prendre la forme d'un nouvel exercice d'entraînement type jeux coopératifs véhiculant l'importance de cet esprit dans la pratique sportive.

Cet exemple n'est pas purement théorique. Je vous invite ainsi à prendre connaissance des travaux réalisés par le mouvement convivialiste pour modifier le « projet existentiel » associé au secteur sportif et qui intègrent des enjeux de citoyenneté.

Voici quelques-uns des principes mis en avant dessinant un projet spirituel[69] et psychique différents au sein de l'espace sportif.

Les engagements :

Principe 1 – Respecter les différences
- *Accueillir toutes les personnes, au-delà des caractéristiques physiques ou physiologiques et des représentations liées à l'activité ;*
- *Exercer une solidarité à l'égard des difficultés (financières, personnelles, liées à la pratique) rencontrées par un membre du groupe ;*
- *Veiller à l'authenticité des relations entre les membres du groupe et à la bienveillance réciproque ;*
- *Etre à l'écoute des envies, des besoins et des motivations spécifiques ;*
- *Offrir une diversité d'activités et de pratiques ;*
- *Avoir une gouvernance représentative de l'ensemble du groupe.*

Principe 2 – Favoriser le lien social
- *Formaliser les règles communément acceptées et rechercher leur appropriation par le groupe ;*

- *Définir un projet collectif, un défi que le groupe souhaite relever et dont la réalisation nécessite la coopération de chacun ;*
- *Multiplier les occasions de communication en dehors du cadre habituel de pratique (apprendre à se connaître « autrement ») ;*

---

[69] L'expression « projet spirituel » me semble tout à fait appropriée. Elle permet d'exprimer clairement que chaque espace social est porteur d'une certaine conception anthropologique de l'être humain, de ses attentes, de ses besoins... qu'il contribue à faire advenir.

- *Favoriser la convivialité autour du projet sportif : proposer des espaces de rencontre et de partage pour les pratiquants mais aussi pour leur entourage ;*
- *Rechercher des occasions de mixité des catégories sportives, socio-professionnelles, de genre, générationnelles et avec toutes les parties prenantes d'un terrain de jeu*
- *Multiplier les occasions de rencontre et d'échange avec des personnes extérieures au groupe ;*
- *Créer des opportunités d'exercer une citoyenneté active.*

Moins l'esprit est naturel au sein d'un espace, plus nous avons besoin de dispositifs particulièrement puissants pour le faire exister. Force est de reconnaître que l'esprit de citoyenneté ne va pas de soi dans la plupart des espaces sociaux. Il est donc extrêmement important pour notre démarche d'en comprendre les motifs. Je vous propose d'examiner les raisons pouvant expliquer, sinon l'absence, du moins l'insuffisance prise en compte des dispositions citoyennes dans la plupart des espaces sociaux. Pourquoi favorise-t-on certaines intelligences sociales au détriment d'autres types d'intelligence pourtant sources de bien commun ?

5.1.2. Pourquoi l'esprit de citoyenneté ne fait pas loi ?

On peut être étonné que des dispositions, des ressources connues voire reconnues comme des facteurs pouvant s'avérer décisifs dans de multiples fonctionnements positifs et notamment dans la recherche du bien commun ne fassent pas l'objet d'un puissant processus de capitalisation symbolique. Pourquoi, au contraire, d'autres formes de dispositions sécrétées au sein d'espaces sociaux, comme le monde de la finance, peuvent participer à la production d'individus prédateurs sans que cela fasse l'objet de régulation sociale ? Pourquoi une société laisse-t-elle enfanter, en son sein, des monstres sociaux socialement fabriqués ?

Il me semble que nous touchons une question essentielle. Peut-être même la question politique originelle.

Plusieurs facteurs d'explication peuvent être avancés.

- **1er facteur : Capital positif et intérêt du champ : se faire « salop » pour réussir ?**

Commençons par la raison le plus évidente.

Il peut exister des divergences d'intérêt entre les enjeux spécifiques d'un espace social et la notion de bien commun. Autrement dit, il est possible qu'au sein d'un espace social des individus aient intérêt à cultiver certaines dispositions pour réussir sans que celles-ci aient un lien avec des logiques d'intérêt général. Il se peut même qu'elles puissent être contre-productive et ainsi *qu'ils doivent se faire « salops » pour réussir*.

Sans aller jusqu'à la figure du salop social, de nombreux exemples peuvent venir illustrer ce paradoxe que ce soit dans le monde de la finance[70] ou dans certaines entreprises dont l'activité implique de développer une certaine forme de sensibilité négative écologique ou plus courant, de construire un rapport salarial maltraitant pour faire carrière.

---

[70] Godechot (Olivier), *Les traders: essai de sociologie des marchés financiers,* La Découverte, Paris, 2005.

- La régulation citoyenne dans un régime d'intérêts divergents

Des travaux ont tenté de faire œuvre de réconciliation en démontrant dans quelle mesure les dispositions altruistes, bienveillantes et citoyennes pouvaient venir nourrir positivement l'activité même de l'espace social. Les travaux de Jacques Lecomte sur l'entreprise humaniste[71] ouvrent ainsi un espace de réconciliation possible. Un tel régime de (ré)conciliation est naturellement pensable. Il est, en effet, démontré par de nombreuses études largement développées dans l'ouvrage de Jacques Lecomte que le déploiement du paradigme positif associant la confiance, l'autonomie et l'altruisme peut produire de nombreux bénéfices en interne aux espaces sociaux. De telles théories peuvent, d'ailleurs, trouver leur traduction organisationnelle à travers la mise en place de démarches managériales spécifiques (organisations libérées, démarches participatives...)

Mais ce terrain possible de réconciliation ne peut pas servir à masquer l'existence possible d'un régime d'intérêts divergents, d'une certaine forme de contradictions dans certaines circonstances et dans certains espaces. Il faut, en effet, concevoir la possibilité que le déploiement du paradigme de « citoyennisation » puisse ne pas venir servir directement les intérêts immédiats de l'espace social en question mais participer au déploiement du bien commun. La mise en évidence de cette contradiction permet de faire émerger la nécessité de **dispositifs de régulation citoyenne**. Nous devons reconnaître l'existence de ces divergences d'intérêts pour

---

[71] Lecomte (Jacques), *Donner Un Sens à Sa Vie*, Odile Jacob, Paris, 2013.
Lecomte (Jacques), *La Bonet Humaine. Altruisme, Empathie, Generosite*, Odile Jacob, Paris, 2014.
Lecomte (Jacques), Les entreprises humanistes : comment elles vont changer le monde, éditions broché 2016.

travailler à l'émergence des processus et dispositifs de régulation.

Chaque espace social doit se poser ou se voir poser la **question citoyenne** et elle n'est pas être de nature économique (elle est toujours posée sous la forme de l'utilité économique sur le mode « je sers la société en apportant de la richesse et des emplois » (ce qui est vrai). La question de l'utilité économique possède son mode de régulation avec le marché (et ses imperfections). La question citoyenne est de nature fondamentalement spirituelle. Qu'est ce que cet espace fait à l'âme humaine ?

La question citoyenne dans un régime d'intérêt concordant est la suivante : comment favoriser la prise de conscience par les différents espaces sociaux notamment leurs élites qu'ils ont intérêt à cultiver certaines dispositions car ce type de disposition permettra d'accroître la performance des salariés, et donc le profit, tout en s'inscrivant dans une logique de bien commun ?

Concevoir un régime d'intérêt divergent soulève une autre question de « citoyennisation » : Comment dans un contexte où les règles du jeu et les enjeux de mon espace social peuvent impliquer d'adopter des comportements prédateurs peut-on faire prévaloir les enjeux d'intérêt général ?

- $2^{\text{ème}}$ facteur : des forces politiques opposées à la diffusion de cet esprit de citoyenneté ?

Une autre variable explicative de l'absence de prise en compte de ce type de capital dans les espaces sociaux est de nature politique. La valorisation de certains types de capitaux est susceptible d'exercer de profonds effets dans la hiérarchie et les processus de domination. Force est de reconnaître qu'en s'attaquant à la composition chimique du capital culturel des différents espaces, nous nous trouverons nécessairement face à un certain nombre de forces visant la préservation de ce type de disposition au motif que la valorisation d'autres formes de capital serait défavorable à leur position au sein de l'espace social en question.

On peut facilement comprendre que les processus de conversion des formes de capitaux sont aussi, et avant tout, des processus de remise en cause des hiérarchies.

Imaginez qu'au sein d'un univers comme celui de l'école, nous ne privilégierons plus une forme de capital scolaire et culturel spécifique mais une forme de capital relationnel et émotionnel. Appliquer cette logique jusqu'au bout aboutit à conditionner l'obtention des diplômes à la vérification d'un certain nombre de savoir émotionnel et relationnel voire de comportements. Cela ne va pas nécessairement faire disparaître d'autres formes de savoir mais leur accorder une autre place. Vous allez ainsi produire une autre forme d'élite scolaire et peut-être même, d'élite sociale. L'introduction au sein de différents espaces sociaux d'un certain nombre de critères d'appréciation tournant autour des logiques de bientraitance serait susceptible de remettre en cause bon nombre de hiérarchies. Si vous êtes dominant, vous souhaitez conserver cette position et donc vous allez militer pour faire prévaloir des dispositions en conformité avec votre ethos (de votre genre ou de votre classe sociale).

Dans un monde dominé par les hommes, il n'est pas étonnant que les dispositions viriles occupent une place forte dans les processus de sélection sociale.

- 3~~ème~~ facteur : le capital de citoyenneté : un capital plus complexe à apprécier ?

Les propriétés de ce type de capital peuvent aussi constituer un autre facteur explicatif de la faiblesse de leur prise en compte. Il est possible que pour qu'un type de disposition puisse faire l'objet d'un processus de capitalisation, elles doivent disposer d'un certain nombre de propriétés techniques : mesurables, accumulables et transmissibles. Il est possible que ce type de propriétés techniques et sociales prenne le pas sur d'autres formes de propriétés notamment sa capacité à positiver l'espace social en question.

Imaginez un monde où les positions dominantes ne soient pas nécessairement occupées par des individus méritants (au sens scolaire du terme) mais par des individus méritants au sens émotionnel du terme. Il est possible qu'au final ce monde soit plus conforme au bien commun car les positions dominantes seraient occupées par des individus positifs habités par une intériorité citoyenne. Ce monde serait aussi peut-être plus incertain et poserait des questions plus complexes que la simple mesure du capital scolaire. Comment transmettre l'émancipation émotionnelle ? Comment mesurer la maturité relationnelle d'un individu ? Comment accumuler et certifier une forme de compétences existentielles ?

Parfois (finalement assez souvent), nous sommes à l'image de ce fou qui cherche ses clés sous le lampadaire alors qu'il sait pertinemment qu'il ne les a pas égarées à cet endroit ; il les cherche là car c'est le seul endroit où il y a de la lumière. Nous sommes parfois à l'image de ce fou : nous nous appuyons sur les compétences techniques et mettons en avant une forme de capital technique scolaire même si finalement nous savons que ce n'est pas là que se trouvent les clés de la réussite et du bien commun car c'est le seul type de capital que nous sommes en capacité d'observer. C'est le seul endroit où il y a de la lumière... Mais n'oublions pas que nous pouvons aussi fabriquer de nouvelles lampes.

- 4ème facteur : l'absence d'institution de la citoyenneté

Pour qu'un type de capital puisse exister, il doit faire l'objet d'un processus d'institutionnalisation, ce qui implique l'existence d'institutions ayant intérêt à sa valorisation symbolique.

Une société peut se lire à travers son ou ses champs dominants. Pendant longtemps, l'Église a constitué une institution dominante. Elle avait le « monopole » de la direction des âmes et travaillait à la fabrication d'un bon chrétien donc d'un *ethos* chrétien. Elle insufflait donc au sein de la société un ensemble de dispositifs et de pratiques ayant pour effet de faire croître cet *ethos* chrétien : prière, confession, baptême, catéchisme, communion…. À cette époque, on pouvait observer la puissance du capital spirituel (qui pouvait même vous ouvrir les portes du paradis). La force de ce capital était portée par la force de l'institution religieuse.

Aujourd'hui, le champ économique et sa déclinaison en régime professionnel constitue l'espace social dominant. Pour beaucoup d'entre nous, notre identité professionnelle est l'identité sociale dominante.

Pour qu'un capital d'une autre nature se développe, il doit être porté par une institution capable de faire contrepoids, et donc de mettre en face des dieux économique ou religieux, d'autres **divinités symboliques** aussi puissantes, capables de venir concurrencer les identités sociales et surtout capables d'en combler les lacunes. Et dans un monde laïc, ces dieux doivent être laïcs.

Pour que des échelles sociales concurrentes au monde économique se déploient et qu'elles soient capables d'inscrire dans nos esprits une autre conception de la réussite sociale et personnelle, elles doivent être portées institutionnellement. Une institution, ce sont des moyens financiers, humains, matériels et symboliques. Quelles sont les institutions qui portent une vision du monde où les questions du sens de la vie, de la relation aux autres, de la connaissance de soi, de la quête de la vie bonne, de la maîtrise des émotions occupent des places de choix ? Quelle institution place ce type de schémas de croissance individuelle et collective au centre de cette préoccupation ?

- **5ème facteur : la dévalorisation symbolique des dispositions féminines**

On peut avoir le sentiment que l'impact de ce type de dispositions est secondaire. On peut avoir le sentiment que les compétences émotionnelles ne sont pas si déterminantes dans l'atteinte de certaines formes de performances. Il est tout à fait possible que la lecture même de cet ouvrage et les propositions liées à la notion de capital de citoyenneté prêtent à sourire à de nombreux lecteurs qui prendraient cela comme une vision naïve ou pseudo religieuse. Après tout, les émotions, les relations, la spiritualité ou pire le développement personnel sont des affaires de second rang. Peut-être même des affaires de femmes... Le monde social important serait celui des hommes fait de techniques, de forces, de virilité...

La compétence technique est une valeur centrale. On attend du chirurgien qu'il ait la main adroite, plus qu'il ne soit bienveillant[72]. Nous sommes tous d'accord sur cela. Nous pouvons tout de même rêver et faire advenir un monde au sein duquel les chirurgiens non pas peuvent mais doivent être à la fois des excellents techniciens et également des experts de la bienveillance car leur compétence relationnelle a un impact incontestable sur la vie et la santé des patients.

Reprenons les travaux d'Emmanuelle Zolesio sur le métier de chirurgien mettant en évidence l'ordre social (et genré), pouvant se cacher derrière la valorisation des compétences techniques ou l'injonction à la disponibilité

« La technique est un élément central de la pratique chirurgicale. Avant toute autre chose, le chirurgien se doit d'être un bon technicien. C'est effectivement le premier critère d'évaluation du « bon chirurgien » [Cassell, 1987]. Or, on connaît l'explication anthropologique selon laquelle les hommes se seraient assuré le contrôle des outils ou des instruments de production (et, avec lui, la domination sur les femmes), n'ayant pas celui de la reproduction [Tabet, 1979]. La dépossession des sages-femmes au profit des chirurgiens-accoucheurs au XVIIIe siècle au motif que « les femmes ne doivent user d'aucun instrument » est souvent présentée comme exemplaire du processus d'exclusion des femmes des métiers techniques et qualifiés que les hommes se réservent [Kniebiehler et Fouquet, 1980] Par ailleurs, loin d'être de ces métiers « peu accaparants », « bien pour les femmes », supposés leur laisser du temps pour leur activité domestique, la chirurgie est particulièrement chronophage et physique du fait des nombreuses gardes et astreintes qu'elle implique. En chirurgie digestive celles-ci peuvent revenir à un rythme d'un jour sur deux. Or cette exigence de forte disponibilité paraît

---

[72] ZOLESIO (Emmanuelle), Chirurgiens au féminin ? : socialisation chirurgicale et dispositions sexuées de femmes chirurgiens digestifs, Lyon 2, 12 novembre 2010. www.theses.fr, http://www.theses.fr/2010LYO20061.

incompatible avec l'image d'un « métier de femme » [Perrot, 1987].

La sous-estimation de ce type de capitaux peut être regardée à la lumière de la domination masculine. Sous cette lumière, les dispositions féminismes[73] sont dévalorisées laissant ainsi les postes de pouvoir aux hommes dotés de dispositions masculines reconnues en tant que compétences.

Nous avons naturellement tort sur tous les plans. Tort sur le plan éthique en (re)produisant des inégalités sociales de genre cachées derrière des « compétences » mais également, et peut-être surtout, tort sur le plan de l'optimum social. Nous commettons une terrible erreur en sous-estimant le potentiel d'impact positif du développement de ces trois formes de compétences. Elles sont au cœur de la construction du bien commun.

- Synthèse

Nous avons mis en évidence l'existence d'une certaine forme de capital positif favorisant l'émergence de logiques de bien commun au sein d'un espace social. Nous avons vu les multiples raisons qui pouvaient rendre complexe la prise en compte de ce type de disposition au sein des espaces sociaux et ainsi démontré que si cette question n'allait pas de soi, elle devait faire l'objet d'une action politique forte.

Nous allons maintenant étudier les modalités de cette action politique à travers l'examen des relais techniques et symboliques permettant de pas<u>ser d'une logique de</u>

---

[73] Nous pourrions débattre de l'existence de dispositions spécifiquement féminines car elles sont aussi des constructions sociales mais disons que nous prenons acte qu'il existe des représentations sexuées des dispositions psychiques et de telles représentations agissent dans le corps social.

valorisation éthique à un processus de capitalisation au sein d'un espace social. Nous étudierons notamment les deux voies les plus puissantes de capitalisation que sont les processus de sélection et de formation.

Nous examinerons les processus de sélection des élites managériales. Dans quelle mesure des processus de régulation peuvent être introduits dans la sélection sociale des élites pour prendre en compte des dispositions citoyennes ?

Nous porterons, dans un second temps, notre regard sur la question centrale de la formation, de l'enseignement et de l'accompagnement. Ces institutions participent au processus de capitalisation, tant du point de vue du travail social de transmission de certaines dispositions psychiques qu'elles opèrent que du point de vue de leur travail social de consécration de ces mêmes dispositions. À la fois institutions de la transmission et institutions de la consécration, elles exercent, ou pourraient exercer, une fonction centrale dans la fabrique et dans la diffusion du capital positif.

5.2. La technologie de la fabrique de la citoyenneté

Nous allons maintenant nous intéresser à la technologie que nous pouvons déployer pour faire de certains types de disposition une forme de capital agissant au sein d'un espace social.

5.2.1. Politique de développement de la citoyenneté

Je sais ce que la notion de politique des subjectivités peut avoir de glaçant. Les travaux de Michel Foucault les ont associés aux notions de discipline, d'assujettissement et de contrôle social…

Nous ne sommes pas toujours à l'aise avec l'idée d'agir politiquement sur la fabrique de certaines formes de disposition et nous avons raison. Il est vrai que l'histoire a montré que ce type d'entreprise pouvait donner naissance à des monstres idéologiques, notamment dans le cadre du communisme ou du nazisme. Dans quelle mesure une société, une institution ou un Etat peut-il s'octroyer le droit de cultiver certains types de disposition ? De la fabrique des âmes à la colonisation des esprits, il y a qu'un petit pas....

- La lutte des subjectivités

À ceux qui pensent que cette idée porte les germes d'une dictature, j'ai le regret de dire que la guerre des subjectivités a déjà lieu et qu'elle est en train d'être gagnée par le monde de la publicité et de l'économie. D'immenses forces sociales, politiques et économiques agissent déjà pour capter notre attention et cultiver un certain type d'état d'esprit, pour nous insuffler certaines formes de disposition. Les tonnes de publicité que nous avalons quotidiennement inscrivent « subtilement » dans notre esprit l'idée que la réussite passe par la consommation matérielle. Pour devenir de bons professionnels, nous devons suivre un certain nombre de formation et tordre ce que nous sommes, notre façon d'être pour mettre en adéquation notre savoir-être avec les compétences recherchées pour le poste. Nous devons rentrer en compétition. Je pourrais multiplier les exemples. Chaque espace social tente de fabriquer des formes de subjectivité en conformité avec ses intérêts. Et tout ceci est parfaitement normal. Un individu ne peut pas naître dans un univers social vide. Il doit être pris en charge pour l'éduquer, lui transmettre un savoir et, d'une certaine façon, le façonner. Cela s'appelle l'éducation, la socialisation mais c'est aussi une forme de discipline .... et chaque champ opère une part de ce travail social dans le domaine qui est le sien. La question n'est donc pas dans l'existence sociale des dispositifs mais dans le poids et la valeur que nous accordons à certains d'entre eux au regard des **finalités anthropologiques** qu'ils poursuivent. Il est nécessaire de fabriquer des compétences professionnelles. Il est peut-être utile pour la croissance économique que le secteur de la publicité continue d'exister sur la place publique mais il faut aussi déployer une autre force visant la fabrique de dispositions citoyennes. Car dans la négative, nous laissons alors l'immense champ de la subjectivité à la merci des forces économiques et politiques. « L'individu qui vient après le libéralisme[74] » est prêt à bien des aveuglements comme peuvent en témoigner les immenses reculs de la place de la valeur de l'impôt ou encore des votes pour des personnalités politiques populistes. Si une société fabrique des consommateurs ou laisse les forces économiques fabriquer des consommateurs alors les « citoyens » (si nous pouvons encore parler de citoyens) se comporteront comme des consommateurs. Les individus évolueront vers des formes de subjectivité dont la croissance est favorisée par les espaces sociaux dominants. **Une grande partie des pathologies psychiques et sociales du monde contemporain trouve leur origine dans l'impact de ces différentes forces agissantes sur les subjectivités et percutant le monde émotionnel, spirituel et cognitif des citoyens. Ces forces désarment les énergies de citoyenneté que nous portons tous en nous et nous soumettent à des idéologies consuméristes et mercantiles, cultivent nos jalousies, notre esprit de compétition et notre soif de reconnaissance et de pouvoir**. En face, le monde est bien vide. Nous ne pouvons que compter sur un état social qui nous apprend l'histoire ou la littérature (quand il ne cède pas au nationalisme en cultivant la haine de l'étranger) en espérant que ce savoir suffira à endiguer les forces de haine. Car, oui, c'est bien de la haine qui est cultivée.

---

[74] Dufour (Dany-Robert), *L'individu qui vient après le libéralisme*, Denoël, 2015

Cette haine porte le nom de reconnaissance, de lutte des places, de réussite... mais c'est de la haine et de la colère. Le rempart de ce savoir est trop faible, trop difficilement accessible et au fond assez inefficace lorsqu'il s'agit de calmer ce démon.

Projet spirituel et système politique : Homme communiste - Homme néolibéral - Homme citoyen

On peut lire une société à son influence sur les subjectivités et au type d'individus qu'elle fabrique ou laisse fabriquer ; à son projet spirituel en somme. Dans ce domaine, le communisme mérite qu'on s'y attarde un instant. Il est, en effet, assez rare dans l'histoire d'observer une telle schizophrénie entre le projet spirituel d'un système politique et son orientation réelle dans le domaine de la fabrique des subjectivités. L'homme communiste (dans son idéal) aurait dû être un homme habité par le sens du bien commun et de l'intérêt général. Un homme de paix, de fraternité et donc d'amour. Un homme de partage et d'apaisement. Un homme d'émancipation et de culture. Cet homme aurait été alors en conformité avec le projet spirituel de partage et de fraternité porté par cette idéologique. En réalité, l'homme communiste fabriqué par ce système politique était un homme de haine (haine contre le système capitaliste, contre les classes dominante). Un homme de contrôle et d'aliénation. Un homme hyper compétitif puisque cherchant constamment à montrer sa supériorité au capitalisme sur le terrain de la puissance masculine alors qu'il aurait dû mener une bataille spirituelle en promouvant le triomphe de *l'ethos* féminin. D'une certaine façon, le ver était dans le fruit car la vision communiste du monde n'avait rien de fraternel au fond. Elle postulait l'existence d'une classe sociale à haïr. Que cette classe, à cette époque, et même encore aujourd'hui, soit critiquable sur de nombreux aspects ne change rien à l'affaire. Les élites produits par un projet spirituel fondé sur la haine seront sélectionnées sur leur conformité à ce projet de haine donc les plus habité par cette haine de l'autre et cette haine se transformera en soif du pouvoir. Si l'autre est à haïr alors il peut bien prendre le visage du bourgeois puis celui du dissident politique. Cet autre à haïr aura toujours un visage car la haine trouvera toujours une cible. Elle est faite comme cela.

Face à l'échec du système politique et économique communiste, face à son échec anthropologique à faire émerger un éthos du partage et du bien commun, le terrain était libre pour le déploiement de l'Homme néolibéral. Les forces économiques ont eu le champ libre pour cultiver les milles et une dispositions utiles au système. Bien sûr, nous ne sommes pas des robots déterminés uniquement par des forces sociales. Cet « Homme néolibéral » peut toujours trouver en face de lui le citoyen engagé, le sacrifice d'une mère, le militant d'une grande cause…mais dans une société vertueuse, la question anthropologique ne devrait pas être « comment je peux résister psychiquement aux forces de compétition pour tendre vers le développement de dispositions altruistes ? », la question spirituelle devrait être « comment avec mes milles et une imperfections la société m'accompagne dans le développement de mes forces d'humanité ? » Comment elle m'aide à résister aux brulures de l'envie, à la haine de la jalousie, au désespoir du temps qui passe et abime ? La réponse à cette question fondamentale n'est pas uniquement et même principalement dans le déploiement de normes morales, elle est dans la mise en œuvre collective d'une politique de déploiement des ressources en humanité

- Une politique de déploiement des ressources en humanité

C'est pour toutes ces raisons que la question de la fabrique de dispositions citoyennes est une urgence politique, sociale, humaine et écologique et doit devenir une véritable politique, une politique de déploiement des ressources en humanité. Il s'agit d'ouvrir l'espace des politiques des ressources positives : politique de gestion des émotions, du développement de soi, de la relation à l'autre, de la résilience… Nous ne savons pas véritablement quel type d'Homme naîtra dans un monde où la gestion des émotions devient une question politique de premier ordre. Nous savons juste (car les sciences positives le montrent), qu'une meilleure régulation de son monde émotionnel peut engendrer que de la sagesse. C'est de cette sagesse que nous avons urgemment besoin.

Par politique, nous entendons le déploiement d'un certain nombre d'actions ayant pour ambition et pour effet de faire croître les forces de citoyenneté qui sont en chacun de nous, de nous mettre à disposition des ressources permettant de progresser sur ce chemin difficile. Cela passe par le fait de fabriquer une véritable technologie permettant que chacun d'entre nous trouve au sein de la société les moyens d'une émancipation et d'un enrichissement de sa vie.

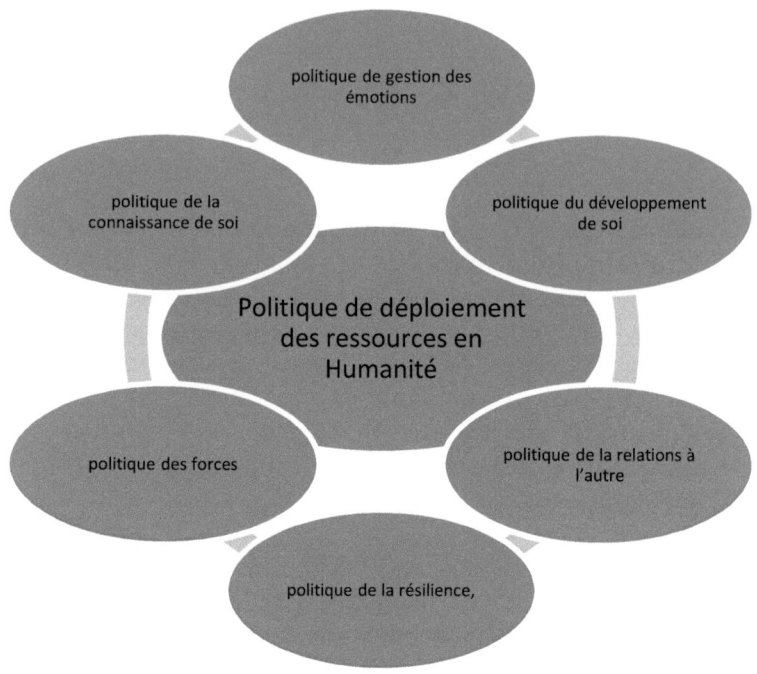

- « Altruisation » du monde

De tels outils doivent aller aux sources profondes de la citoyenneté (compétences relationnelles, spirituelles émotionnelles….). Elles doivent activer les cordes que nous tissons pour nous relier au monde. Les approches traditionnelles qui produisent un cours sur l'éthique pour espérer produire des individus éthiques courent à l'échec. Elles ne doivent pas non plus reposer sur l'approche étatique de la citoyenneté (faire son devoir en allant voter et en votant habité par la haine portant ainsi au pouvoir les forces de haine). Ce n'est pas de cette citoyenneté dont nous parlons. Ce qu'il est urgent de produire, ce n'est pas du savoir sur l'éthique. Ce n'est pas non plus le sens de l'Etat ou de la nation. Ce qu'il est urgent de produire, c'est un progrès civilisationnel sans précédent. C'est de « l'altruisation » du monde dont il est question. Il est urgent de comprendre que les germes du développement social et écologique sont à trouver dans des formes élaborées de développement personnel.

l

Développement personnel
- Travail sur la connaissance de soi
- travail sur ses émotions
- Travail sur les processus de Méta-conscience
- Travail sur le sens de la vie et sa vie
- Travail sur ses forces
- travail sur ses pensées
- Travail sur ses relations aux autres
- Travail sur ces démons et fantômes pychiques

Développement social
- Respect de l'envrironnement
- Régulation de la violence
- Coopération
- Entraide
- développemnet de la sagesse
- Emancipation politique et social

La première des politiques, la plus fondamentale, se trouve du côté de l'activation des ressources d'actualisation de soi car ce sont ces leviers qui permettent de franchir des stades de développement psychique et collectif. Si la vie a un sens, que ce soit dans une conception religieuse ou laïque, il est à trouver du côté du chemin que nous avons à parcourir lorsque nous la traversons et des progrès que nous réalisons sur ce chemin. Le sens profond d'une société est à trouver du côté de son projet spirituel (au sens premier du terme, dans quelle mesure elle nous offre les conditions et les outils d'une croissance psychique).

- **Le déplacement de la question citoyenne de la culture au développement personnel ou comment se franchissent les stades de développement existentiel?**

Nous avons fait reposer la responsabilité de ce travail social sur l'école et la culture. Mais l'école s'arrête peut-être au moment même où le travail doit commencer. La culture, outre, son aspect inégalitaire n'a jamais donné les fruits que beaucoup prétendent. Elle est un résultat. **Elle est la porte qui s'ouvre à ceux qui ont déjà mangé à l'arbre de la connaissance de soi.**

La révolution culturelle qu'il convient d'opérer consiste à lier les enjeux de l'actualisation de soi au développement social. Nous devons prendre conscience de l'essentiel, de ce qui nous permet de franchir des stades de développement. Il en va de notre survie. Et cet essentiel n'est pas dans les livres d'histoires (avec l'immense respect que je peux avoir pour cette forme de culture qui m'a appris et donné plus que personne ne peut l'imaginer. Mais il ne faut lui demander que ce qu'elle peut donner, ce pour quoi elle est faite).

Les stades de développement ne se franchissent pas dans les livres d'histoire, ils se franchissent par la culture, oui, mais une culture émotionnelle, relationnelle et spirituelle.

Que ces espaces se déploient et prennent la puissance de la publicité et même de la littérature ou encore des mathématiques, alors l'humanité basculera dans un nouveau monde. En effet, ces univers sociaux nous ont permis de réaliser des progrès magnifiques dans le monde cognitif. Il nous faut leur puissance dans le monde émotionnel pour que les mêmes progrès puissent naître.

La ligue LOL « scolairement éduqués, professionnellement évolués mais humainement sous-développés ».

À l'heure où j'écris ces mots, la scène médiatique découvre avec stupeur l'existence de ce qu'il est convenu d'appeler « la ligue LOL ». Il s'agit d'un groupe d'hommes utilisant Internet pour harceler notamment des femmes et des homosexuels. L'effet de sidération tient notamment au fait que ces derniers occupent des postes prestigieux et à responsabilité dans des univers culturels à forte valeur symbolique et situés plutôt à gauche. Nous avons donc à faire à des individus disposant d'un capital culturel et symbolique particulièrement élevé. Il n'est pas rare d'ailleurs qu'ils aient pris des positions extrêmement progressistes sur la question féminine dans certains de leurs articles. **Ils sont scolairement éduqués et professionnellement évolués mais humainement sous-développés.** Non seulement la vie (j'entends par là, l'ensemble de leur parcours professionnel et scolaire) ne leur a rien appris d'important mais cette absence d'humanité ne les a pas empêchés de faire une brillante carrière dans les différents espaces sociaux (ils disposaient du capital professionnel adéquat : diplôme, compétence littéraire, réseau, utilisation d'Internet, sens moral progressiste… dans les écrits…). C'est d'ailleurs leur poste à responsabilité qui leur a permis d'agir en toute impunité (peur des représailles).

La compétence d'humanité

Ce qui sidère dans cette histoire, c'est qu'elle dévoile **l'effroyable vide psychique** de ces parcours

Le système ne sélectionne pas sur la base de la question humaine. Il n'y aucune raison particulière pour que la **compétence d'humanité** occupe une place de choix. Pour réussir, vous devez faire bonne figure, maîtriser les codes, disposer d'un capital professionnel mais si vous n'avez pas travaillé la question essentielle (celle du pouvoir, de mon rapport à l'autre…) alors *l'hurbis* viendra frapper à la porte de votre âme professionnelle et vous vous ferez tyran.

C'est pour cela que la question de la prise en compte de la compétence d'humanité, de la citoyenneté (donnez-lui le nom que vous voulez pour peu qu'il ait la couleur de la bientraitance) dans les processus de sélection est décisive.

Le capital de citoyenneté ne déploiera sa force que s'il se trouve institué et dans ce domaine, les processus de sélection et de formation sont particulièrement puissants.

6.
Sélection et bientraitance

La clé de tout projet de transformation sociale est probablement à trouver du côté de la transformation de nos processus de sélection.

Essayons de regarder quelques instants les mécanismes actuels permettant de porter au pouvoir des individus–qui ont été sélectionnés scolairement. Pour réussir dans l'univers scolaire, ils ont dû cultiver certaines capacités et en mettre de côté d'autres. Ils ont dû faire preuve d'une certaine forme d'intelligence, apprendre « par cœur » un certain nombre de cours. Ils ont dû développer un esprit compétitif et enfin peut-être surtout ils ont dû se conformer à un certain nombre de normes scolaires et ont donc parfaitement intériorisé la nécessité de se soumettre aux enjeux des espaces sociaux qu'ils fréquentent. Ils sont devenus d'excellents élèves et ont parfaitement compris comment devenir un excellent agent d'un espace social.

- L'exclusion de la sensibilité citoyenne

À aucun moment, il n'a véritablement été question de savoir si ces individus possédaient des dispositions citoyennes. On peut même, à bien des égards, considérer que de tels individus ont pu être exclus au motif qu'ils ne possédaient pas les dispositions compétitives nécessaires –trop sensibles, trop indépendants, trop émotifs…. Aucune des dispositions que nous avons proposées comme composantes du capital de citoyenneté n'a été prise en considération. Autrement dit, notre système social porte au pouvoir des individus possédant une certaine forme d'intelligence logico-mathématique en laissant de côté les autres formes possibles d'intelligences pourtant sources de sagesse. Cela ne signifie pas qu'il n'existe pas, parmi eux, des individus vertueux au sens de la citoyenneté. C'est indéniablement vrai. Il existe des grands hommes et formidables femmes mais la question du fonctionnement social optimum n'est pas celle-ci. Nous ne pouvons pas confier au seul hasard social la sélection de grands hommes.

Certains espaces et plus précisément certaines fonctions doivent être sacralisées. On ne devrait jamais entendre « c'est comme partout, il y a des bons et des mauvais parmi les responsables ». Vous voulez grimper les échelles de la réussite et prendre en charge des responsabilités importantes. Merveilleux projet. Cela implique de vous soumettre à un référentiel de bientraitance. « Que nul n'entre ici s'il n'est pas bientraitant » ou plutôt « que nul n'entre ici s'il ne cherche pas à l'être autant qu'il est possible de le faire dans l'espace social dans lequel il évolue ».

La véritable question de la sélection citoyenne est la suivante : dans quelle mesure peut-on fabriquer un système social de sélection permettant de prendre en compte l'existence de dispositions citoyennes pour porter au pouvoir des individus bientraitants, empathiques, émotifs, respectueux, ayant le souci du long terme et de la protection de l'environnement ?

La réponse à cette question est à trouver dans la mécanique de la sélection. Ce que nous proposons d'appeler LA « CITOYENNISATION » des processus de sélection.

- **L'ANALYSE DES PROCESSUS DE SELECTION :**

Si vous voulez comprendre les types de capitaux à l'œuvre au sein d'un espace social, il vous faut observer les coulisses du processus de sélection. Je dis « les coulisses » car il n'est pas rare que nous puissions constater des écarts entre les critères explicites et la réalité des processus. Derrière la culture générale, se cachent, en effet, des formes de reproduction sociale aujourd'hui bien connues.

Il nous faut donc observer au sein de chaque espace, les critères qui sont, dans les faits, mobilisés pour sélectionner, progresser..., et ce travail est un véritable travail social devant être politiquement pris en charge.

Une société est responsable des élites qu'elle met en place et la question de savoir si elle peut déléguer à chaque espace social, en total autonomie, le soin de sélectionner librement ses élites est une question qui mérite d'être posée.

- Les critères de sélection comme valorisation de certaines formes d'intelligence

Pour commencer, disons qu'il est possible et essentiel de mesurer la valeur de chacune des formes d'intelligences et leurs influences au sein des champs sociaux. Autrement dit, spontanément, si aucun mécanisme de régulation n'est institué, quelles seront les dispositions sociales et psychologiques valorisées au sein de l'espace social ? Quelles seront les types d'individualité et de subjectivité travaillées ? Quelles seront les conséquences anthropologiques du fonctionnement naturel de l'univers social ?

Il me semble que nous touchons à une question essentielle, ; celle de la nécessaire régulation éthique et spirituelle des espaces, question largement délaissée par les institutions. Chaque espace social est libre de cultiver des dispositions psychiques pour peu qu'il estime qu'elles servent son intérêt particulier, même si ce type de dispositions se révèle contraires à l'intérêt général ou à des normes éthiques élémentaires.

168

Le graphique ci-dessous pose quelques hypothèses d'identification des dispositions scolaires. Ainsi, le champ scolaire sélectionne et fabrique des individus dotés d'une bonne culture générale, maîtrisant l'écrit, ayant de la mémoire, dotés d'une intelligence plutôt mathématique et ayant la capacité à bien saisir les enjeux du champ scolaire et à s'y soumettre. L'analyse de ce graphique vaut aussi par toutes les dispositions qui n'y figurent pas : la maîtrise des émotions, l'intelligence pratique, la bientraitance, la sagesse dont il me plait, comme vous l'avez compris, de rendre hommage en leur donnant le rang d'intelligence supérieure.

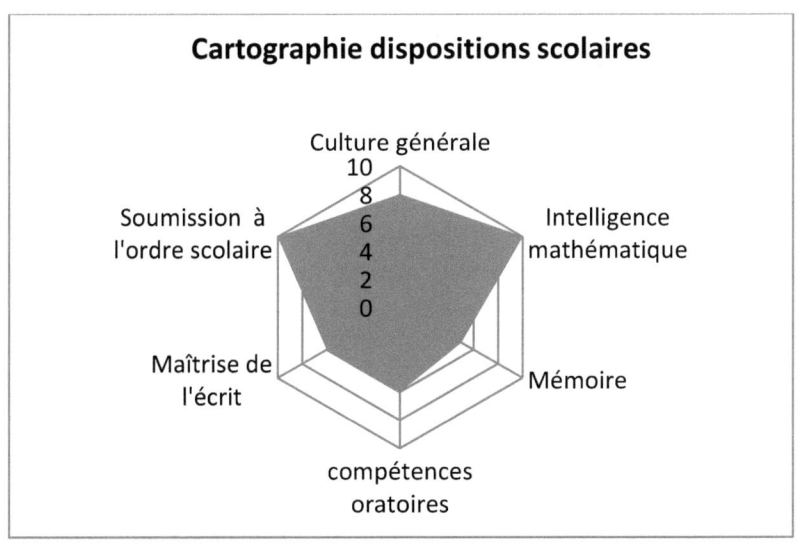

- Les effets d'écart comme outil d'analyse des effets et des risques existentiels

Ces différentes analyses peuvent s'avérer précieuses pour comprendre et transformer le fonctionnement d'un espace social et tendre vers des mécanismes vertueux. Appliqué à la sélection sociale, le mécanisme vertueux est la recherche de la cohérence entre la composition du capital ayant cours au sein d'un espace et le capital citoyen, la recherche de la cohérence entre la valeur accordée à différentes forces au sein d'un espace et les types de talents favorisant le développement du bien commun.

Une telle mise en évidence de la composition des formes de capitaux ayant cours au sein d'un espace social présente également l'intérêt de donner à voir les effets d'écart. De quelle forme de capital faut-il disposer pour réussir scolairement, professionnellement mais aussi humainement ? Chaque effet d'écart témoigne d'un problème existentiel.

- Équation citoyenne

Observons donc plusieurs combinaisons possibles en comparant quatre mondes sociaux : le monde psychique (les dispositions d'un individu), le monde scolaire (les dispositions scolairement reconnues), le monde du travail (les dispositions professionnellement reconnues) et le monde de la citoyenneté (dispositions favorisant l'émergence de comportements conformes au bien commun).

Ethos individuel / ethos scolaire / ethos organisationnel / ethos du bien commun

Nous pouvons mettre en évidence de multiples combinaisons et effets d'écarts :

1. Écart entre *l'ethos* individuel et *l'ethos* scolaire = risque d'échec existentiel scolaire

Lorsqu'un individu n'est pas doté des dispositions nécessaires pour réussir sur le plan scolaire, il risque de se retrouver en situation d'échec scolaire. On peut regretter que cet individu puisse disposer par ailleurs de multiples compétences non valorisées scolairement (un bricoleur de génie...). Les parcours de réussite sociale d'individus ayant scolairement échoué témoignent régulièrement de cet écart.

2. Écart entre l'ethos individuel et l'ethos organisationnel selon le marché de l'emploi = risque d'échec existentiel professionnel

Les individus n'ayant pas leur ethos en conformité avec les ethos organisationnels peuvent se retrouver en difficulté professionnelle. En effet, on peut être parfaitement adapté aux normes scolaires mais être en difficulté face aux exigences professionnelles. Pour réussir professionnellement, il est nécessaire de couler dans un moule. Les travailleurs de l'insertion se font régulièrement l'écho de la nécessité de posséder ce socle de compétences de base pour s'insérer dans le monde du travail.

3. Écart entre *l'ethos* scolaire et l'ethos organisationnel = risque de tensions existentielles entre ces deux mondes

Un trop grand décalage entre *l'ethos* scolaire et les exigences professionnelles risque de poser un certain nombre de difficultés d'insertion ou faire peser sur les organisations des exigences de formation fortes. Ce décalage s'exprime souvent lorsque des acteurs soulignent l'incapacité du champ scolaire à former des professionnels. Certains acteurs du monde scolaire répondent que ce travail de professionnalisation ne relève pas des missions traditionnelles du monde scolaire.

Nous allons maintenant analyser ces effets d'écart en introduisant la notion de bien commun

4. Écart entre *l'ethos* individuel et *l'ethos* du bien commun = risque de déploiement des forces existentielles de prédation

Lorsqu'un individu ne possède pas des dispositions lui permettant de s'inscrire dans des logiques de bien commun, il risque de développer des comportements individualistes voire toxiques. Destruction de l'environnement, management maltraitant, exploitation des salariés, recherche effrénée du profit sont quelques exemples de manifestations de tels écarts

5. Écart entre *l'ethos* scolaire et *l'ethos* du bien commun = risque de fabriquer une élite scolaire déconnectée de la recherche du bien commun

L'examen de l'écart entre l'ethos scolaire l'ethos du bien commun permet de mettre en évidence les limites du fonctionnement du système scolaire. Ce dernier transmet essentiellement du capital scolaire et laisse ainsi, de côté ou aux marges de son fonctionnement, la transmission de dispositions pourtant fondamentales dans le domaine de la bientraitance que sont la gestion des émotions ou la capacité à donner du sens.

Quand on sait l'importance de la réussite scolaire dans l'accès au pouvoir, un tel décalage se révèle vite glaçant.

6. Écart entre *l'ethos* organisationnel et *l'ethos* du bien commun = risque de fabriquer une élite organisationnelle socialement toxique

À travers ce sixième écart, nous pouvons voir dans quelle mesure un espace social ou une organisation peut porter à des hautes responsabilités des individus, sans se soucier de la question de la conformité de leurs dispositions à des normes de bientraitance relationnelle ou de maîtrise de leurs émotions. Comme nous l'avons déjà vu, on peut même imaginer que dans certaines circonstances (lorsqu'il s'agit notamment de mettre en œuvre des plans de licenciement particulièrement compliqués sur le plan humain), elle va rechercher des individus dotés de certaines dispositions morales spécifiques, éloignées des normes de bientraitance.

Au final, il est possible de mesurer, pour chacun des habitus sociaux, sa distance au bien commun et le poids psychique dans la vie de l'individu. Plus sa distance au bien commun sera courte et son poids important, plus nous pourrons considérer que l'orientation générale du fonctionnement de l'espace est vertueux.

Distance et poids des *ethos* en fonction du référentiel du bien commun

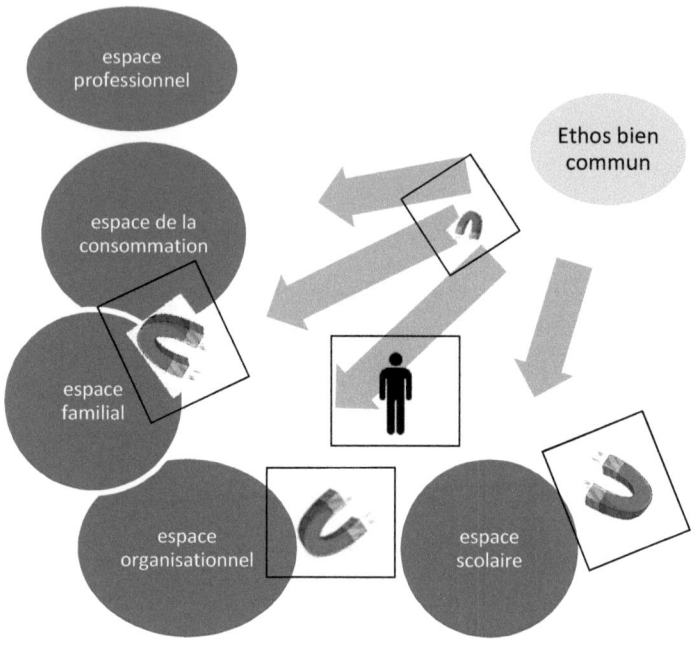

Dans cet exemple de configuration, nous pouvons mesurer les différentes forces de socialisation en présence. Tous les champs n'ont pas les mêmes pouvoir dans ce domaine. Ainsi l'esprit de compétition nécessaire pour réussir scolairement peut m'éloigner durablement du chemin de l'altruisme que ma famille a essayé de me transmettre.

- Accès aux positions dominantes et prise en compte des dispositions citoyennes

L'accès à des positions sociales hautes au sein d'un espace (fût-il autonome) ne doit pas simplement concerner les acteurs de ce champ professionnel. Le processus concerne en réalité la société dans sa globalité car, en accédant à de telles positions, les agents se voient déléguer par la société un certain nombre de responsabilités d'agir sur la vie d'autres individus. Si nous laissons les espaces professionnels fonctionner dans des logiques strictement autonomes, ils vont nécessairement privilégier la valorisation des capitaux spécifiques à cet espace (le champ sportif privilégiera nécessairement le capital sportif n'hésitant pas parfois à déployer des méthodes moralement contestables au nom de l'efficacité sportive). Il serait stupide et inefficace de renoncer à ce type de capital car il est au fondement même de l'existence de cet espace. Il est toutefois tout aussi nécessaire, voire vital, pour une société bientraitante d'introduire dans le processus de sélection un certain nombre de dispositifs ayant pour objet et pour effet de faire exister et prévaloir une forme de capital de citoyenneté.

Il faut donc rechercher l'équation d'optimum social :

La résolution de cette équation passe par la mise en place de mécanismes de régulation. Nous vous proposons d'étudier les différentes formes que pourraient revêtir de tels dispositifs à travers l'examen des processus de sélection du champ managérial.

- L A SELECTION DES ELITES CITOYENNES

Avant tout, permettez-moi de faire quelques remarques sur ce plan car lorsque nous touchons à la question des élites, le sujet peut vite devenir complexe et sensible.

Je ne suis pas de ceux qui pensent que l'appartenance à un groupe professionnel (dominant *versus* dominé) détermine la valeur relationnelle. Il existe des dominants d'une grande bonté relationnelle et des dominés d'une violence sans égale et inversement.

Il est également important de noter, en préalable à notre démonstration, que nous sommes tous concernés par cette question du pouvoir. À des degrés divers, il est vrai. La vie nous offre la plupart du temps des espaces (même résiduels) où nous pouvons exercer des formes de pouvoir. Nous sommes des dominants dans notre sphère familiale à travers le rôle de père ou de mère. Nous pouvons être dominants dans la sphère amicale ou professionnelle, dans la vie d'un groupe, d'un collectif de travail, dans notre relation de couple... Pas besoin de titre pour que la question de l'usage du pouvoir ne soit posée. Une telle question ne se limite pas aux seules élites sociales (même si elles les concernent particulièrement). Elle est une question que chacun d'entre nous doit se poser lorsqu'il se trouve en position de responsabilité.

Ces deux points étant maintenant précisés, revenons à notre question centrale : comment introduire dans des processus de sélection sociale la prise en compte de dispositions citoyennes?

Il est nécessaire qu'un acteur ou plutôt une institution indépendante donc désintéressée des enjeux du champ dispose d'un pouvoir d'influence.

Pour bien le comprendre prenons l'exemple d'un dispositif de sélection classique à travers l'analyse des conditions structurelles d'un jury de recrutement pour un poste de « directeur des ressources humaines ». Cet exemple me semble particulièrement pertinent car l'entretien est probablement l'une des formes les plus utilisées pour filtrer l'accès aux positions dominantes. Ce type de recrutement comporte un enjeu important non seulement pour l'organisation mais également pour l'ensemble des salariés la composant qui sont aussi des citoyens, des pères et mères de famille et des êtres en devenir. Les politiques des ressources humaines que le DRH déplorera au sein de cet espace peuvent exercer une influence puissante sur le bien-être des individus. L'exemple de France Télécom et des nombreux suicides est la plus médiatique illustration des conséquences désastreuses d'une politique des ressources humaines toxique.

Chaque citoyen est soumis au risque social d'être un jour maltraité par un responsable fragile[75]. La notion de harcèlement a d'ailleurs émergé pour exprimer sur le terrain juridique le développement de ce risque social. La notion de harcèlement est incontestablement un outil ayant permis des effets de régulation des formes toxique d'exercice du pouvoir mais reconnaissons également qu'elle se révèle largement insuffisante. Nous ne pouvons déléguer entièrement cette

---

[75] J'aime cette notion de fragilité pour exprimer l'expression d'une violence sociale car elle a le mérite d'inverser l'ordre symbolique en faisant sortir le « bourreau » de la figure du mal pour le voir pour ce qu'il est : un être n'ayant jamais dépassé un certain stade de développement, aussi puissant soit-il. En outre, elle permet de renvoyer la force (par opposition à la fragilité) à la gestion bientraitante des émotions dans un monde où la virilité fait souvent figure de marqueur social de force. On trouve d'ailleurs cette idée dans l'expression « il a fort caractère » pour désigner l'usage de la force, la mauvaise maîtrise des émotions autant de signes d'un caractère faible.

question à l'institution juridique. Elle ne peut d'ailleurs sanctionner que les formes les plus choquantes d'exercice toxique. L'idéal managérial ne peut être résumé à l'absence de meurtre social. Encore une fois, une société positive ne doit pas simplement se contenter de sanctionner les formes toxiques mais viser à promouvoir les formes vertueuses.

Nous pouvons donc considérer que la société dans son ensemble a intérêt à ce que l'agent social (le DRH) qui sera recruté dispose de compétences éthiques permettant d'humaniser, autant qu'il est possible de le faire, la gestion des affaires complexes dont il aura la charge. La question de son recrutement est donc une question politique. Il est extrêmement facile de percevoir la difficulté structurelle à introduire la prise en compte de dispositions citoyennes : qui a intérêt à l'intérieur du jury à ce que ce type de dispositions existe ? Qui a intérêt à ce que le DRH se comporte avec humanité ? Et surtout qu'il développe une conception exigeante de cette humanité ? Un DRH doit être un financier, un économiste, un juriste, un stratège et selon certains, peut-être même, un guerrier. Alors les membres du jury porteront au pouvoir un juriste ou un guerrier.

Bien sûr, il peut exister, ici ou là, des recruteurs ayant conscience que des dispositions humanistes peuvent aussi servir l'intérêt de l'entreprise et conduire à mettre en place des politiques de ressources humaines non seulement plus justes et humaines mais aussi, et par conséquent, plus efficaces. Reconnaissons que tout ceci n'est pas à la hauteur des enjeux.
Nous avons su nous doter de mécanismes juridiques puissants, développer une technologie particulièrement efficace pour réguler un certain nombre de comportements sociaux. Ainsi, le rapport commercial « clients prestataire » fait l'objet d'une évaluation constante. Vous ne pouvez pas franchir un magasin sans que l'on apprécie la qualité de la prestation du vendeur. Les conversations téléphoniques peuvent être enregistrées « à

des fins de formation », véritable entreprise de fabrique d'une relation commerciale « positive ». Si nous pouvions déployer seulement 10 % de la technologie que nous utilisons pour tenter de positiver le rapport clientèle, au service de la construction d'un rapport salarial plus humain nous aurions alors produit une véritable révolution du travail.

Pour que ce monde advienne, il faut donc faire exister une **institution de la régulation citoyenne** et dans le monde du management, elle peut porter le nom d'ordre professionnel du management.

Nous plaidons donc pour la construction sociale d'une institution de la régulation du pouvoir, un ordre professionnel du management ayant vocation à prendre en charge la régulation de l'exercice du pouvoir.

- CREATION D'UN ORDRE POUR ACCOMPAGNER ET POSITIVER L'USAGE DU POUVOIR

Cette promotion des formes vertueuses d'exercice du pouvoir passe par la mise en place d'une institution que l'on pourrait appeler « un ordre professionnel du management » ; institution dont la finalité serait de déployer une politique d'exercice positif de pouvoir. Elle pourrait recueillir les alertes et réaliser des enquêtes sur les éventuels dysfonctionnements de management, valider le recrutement des managers et éventuellement proposer le retrait de leurs responsabilités d'encadrement et, si nécessaire, mettre en place des actions de formation et d'accompagnement, formaliser les comportements managériaux positifs, mettre en place un plan d'actions… Nous aurions ainsi créé une institution indépendante des organisations ayant en charge la régulation de l'exercice social du pouvoir.

Elle pourrait avoir une place dans les grands processus de sélection sociale et faire en sorte que des critères de citoyenneté soient pris en compte.

Une telle institution pourrait même porter un processus d'habilitation managériale.

- "HABILITATION A ENCADRER" ?

Les outils de la régulation des rapports sociaux existants au sein d'une société doivent être proportionnels au risque encouru. Ainsi, la société a encadré la gestion du risque routier par le déploiement d'une formidable technologie de régulation pour tendre vers un risque zéro : permis à points, contrôle, visite médicale, radar automatique…Elle l'a fait au nom d'un principe de sécurité considérant que l'activité routière entraînait un risque mortel. De la même façon que l'utilisation d'une voiture peut être accompagnée de mécanismes de régulation sous la forme du permis de conduire au motif que son mauvais usage pouvait être source de danger pour les citoyens ; on peut considérer qu'un mauvais usage du pouvoir est aussi dangereux et doit donc faire l'objet de modalités d'habilitation tout aussi rigoureuses.

Il me semble, qu'à bien des égards, l'exercice d'un pouvoir sur autrui comporte des dangers tout aussi grands que la conduite d'une voiture. On peut blesser, harceler, humilier détruire de 1000 façons par un usage toxique du pouvoir. On peut aussi guider, conseiller et faire grandir par un usage positif.

Il est donc indispensable d'accompagner un tel pouvoir par la mise en place d'une habilitation. Ce processus de <u>certification</u> permettrait de vérifier qu'un individu remplit les conditions éthiques minimum pour que la société puisse l'autoriser à assumer des responsabilités d'encadrement. Ainsi, on peut imaginer que des formes de condamnation pour harcèlement moral ou encore le non-respect d'une certaine forme d'éthique du management puisse remettre en cause le droit pour le titulaire d'exercer son autorité. On pourrait aussi conditionner le renouvellement de ce droit au fait de suivre un certain nombre de formations ou de subir un certain type d'évaluation professionnelle permettant d'inscrire le titulaire du mandat social d'encadrement dans un processus de développement de comportements vertueux et bienveillants sous peine de perdre son droit juridique et pratique à exercer un pouvoir sur autrui.

En soumettant les encadrants à la nécessité de s'inscrire dans un processus de certification, nous posons les bases de la mise en place de comportements vertueux.

En réalité, une telle idée n'a rien de révolutionnaire. Elle s'inscrit dans le prolongement des processus de professionnalisation des activités socialement utiles et sensibles. Le champ de la médecine a notamment mis en place, très tôt, un ordre professionnel considérant qu'il était impératif de réguler l'éthique professionnelle à travers l'existence d'une telle institution.

Il est d'ailleurs incompréhensible que de tels processus de professionnalisation n'aient pas émergé dans le champ managérial lorsque l'on regarde l'extrême sensibilité sociale de cet espace.

Si nous décidions la mise en place d'une telle institution, il nous resterait à mettre à débat des questions extrêmement importantes et à laquelle il n'existe probablement pas de réponse simple : comment se compose cet ordre du management ? Comment peut-on sélectionner des individus suffisamment sages pour porter une telle responsabilité ?

Évoquons deux pistes : cette sagesse ne peut être que collective et elle ne peut être que le fruit du constat d'une vie pleine de sagesse. Pas d'un acte de candidature. Pas d'un programme politique. Pas de l'exercice de responsabilités sociales importantes (la sagesse se trouve aussi dans des vies humbles). La sagesse se trouve dans le constat de la vie d'un homme ou d'une femme suffisamment sage pour incarner cette autorité morale

« Le vrai miroir de nos discours est le cours de nos vies. "
Michel Eyquem De Montaigne

Nous avons vu que ce sont l'ensemble des processus de sélection sociale, scolaire et organisationnelle qui doivent être questionnés et transformés pour y introduire des mécanismes socialement institués permettant la prise en compte de dispositions positive. Ces derniers sont des puissants leviers d'orientation des comportements et des énergies. Mais d'autres leviers peuvent aussi servir à **l'institutionnalisation du capital de citoyenneté.**

Le processus de diffusion des dispositions positives dans le corps social peut aussi se jouer à travers les institutions de la transmission, de l'éducation et de l'accompagnement. Nous allons donc proposer de les mettre à contribution.

7.
Eduquer et former à l'essentiel

Les technologies de l'éducation, de la formation et de l'accompagnement représentent le principal outil dont une société se dote pour tenter de transmettre les dispositions qu'elle estime être le plus utile au fonctionnement social dans sa globalité. Si nous considérons que le comportement de citoyenneté constitue les comportements les plus conformes à l'idéal social, il convient alors de se pencher sur les mécanismes de transmission des compétences citoyennes.

Comment transmettre de telles dispositions ?

- **Une démarche d'éveil**

La notion même de cours a-t-elle encore un sens ? Vous pouvez m'enseigner l'éthique, cela ne fera pas de moi un homme juste. Vous pouvez m'enseigner la psychologie, cela ne fera pas de moi un psychologue. Vous pouvez m'enseigner la médecine, cela ne fera pas de moi un grand médecin. Je ne peux être psychologue sans connaître ces sciences mais je ne peux être psychologue sans aller à la quête d'autres choses, sans posséder cette autre chose qui s'appelle le sens du bien commun. Cet autre chose est de l'ordre du développement émotionnel relationnel et spirituel ; ces trois formes de compétences qui sont la caractéristique des grands hommes. Comment cet autre chose vient aux êtres ? Je ne suis pas sûr qu'il existe une réponse à cette question mais il est de notre devoir de tenter de la trouver.

Ce qui doit être recherché à travers les formations, ce n'est pas l'acquisition de comportements ou d'outils, c'est une véritable conversion spirituelle. En ce sens, il me semble que l'expression **l'éveil professionnel** est tout à fait appropriée pour exprimer le but fondamental que devrait rechercher un parcours de formation. Il doit mettre en mouvement les représentations, les croyances sur l'exercice du pouvoir, la vision anthropologique des collaborateurs, des usagers, des clients. La formation professionnelle doit rechercher la connaissance de soi et nous faire travailler nos conceptions du sens de sa vie. Il doit chercher à activer « les cordes de la résonance ».

Voici peut-être une vérité importante, contribution modeste et essentielle : la citoyenneté ne s'enseigne pas directement. Elle est l'aboutissement d'un processus de développement. Elle est l'enfant de la maîtrise des émotions, de la bientraitance, de la quête de sens et du souci du progrès personnel.

Enseigner la citoyenneté, c'est donner le goût de la beauté des choses. Vous pouvez expliquer dans les livres la beauté de cet arbre ou l'utilité de ses fruits. C'est utile mais insuffisant. Pour que cette parole puisse grandir au sein de chaque individu, il faut semer les bonnes graines et elles sont de l'ordre du sacré. Nous devons tisser un lien spirituel avec les forces de la nature et ce n'est pas de la spiritualité de bazar. L'amour de vos enfants n'est pas une question livresque et encore moins une spiritualité de pacotille. Ce lien profond est sacré. C'est une relation d'âme à âme, de conscience à conscience. C'est à cela que vous devez parler.

Si tu veux construire un bateau, ne rassemble pas tes hommes et femmes pour leur donner des ordres, pour expliquer chaque détail, pour leur dire où trouver chaque chose. Si tu veux construire un bateau, fais naître dans le cœur de tes hommes et femmes le désir de la mer.

Antoine de Saint-Exupéry

- Les institutions de la guidance

La socialisation d'un individu capable d'atteindre un niveau de développement moral et spirituel permettant de répondre aux enjeux sociétaux implique la mise en place d'une politique de formation, d'éducation et d'accompagnement pour orienter, guider, accompagner les citoyens dans cette direction. Ces politiques de la transmission doivent porter l'ambition de produire une *ethos* positif.

Nous proposons donc d'examiner les trois leviers de transmission de ce capital citoyen que sont :

- L'éducation scolaire ;
- la formation professionnelle ;
- les dispositifs accompagnement.

Chacun de ces dispositifs peut être relié un temps de la vie. Au temps de l'enfance, succède le temps de l'adolescence, l'apprentissage d'un métier, puis devenu adulte, le temps de l'exercice des responsabilités et de quête de sagesse. Chacun de ces temps pose une question de citoyenneté spécifique.

7.1. LE TEMPS DE L'ENFANCE : EDUCATION CITOYENNE

Le temps de l'enfance est une période essentielle pour l'apprentissage de la citoyenneté. Cette vision est d'ailleurs largement partagée par l'ensemble des acteurs sociaux. Le débat ne porte donc pas sur la pertinence d'utiliser le monde scolaire comme support à la transmission d'une culture citoyenne mais sur les modalités qu'il faut mobiliser et sur le contenu à donner à cette culture citoyenne.

- Transmettre des compétences d'humanité

La fabrique de la sagesse passe par une profonde réforme des contenus et des savoirs transmis par l'institution scolaire. Il s'agit d'apprendre l'essentiel c'est-à-dire apprendre à vivre avec soi et les autres. Je sais que l'école participe déjà à cette forme de socialisation. Les violences sont régulées. L'ensemble de la communauté éducative œuvre au développement de compétences relationnelles. Mais cette compétence ne fait pas partie du bagage scolaire. Pour le dire autrement, être doué scolairement, ce n'est pas être bientraitant mais c'est être bon en mathématique. L'école doit devenir une école du « vivre ensemble » au sens premier du terme. Une école où l'on enseigne évalue et sélectionne sur la base des compétences du vivre ensemble.

Si vous voulez produire des professionnels capables de résoudre les problèmes pratiques alors valorisez l'intelligence mathématique mais si vous voulez produire des élites scolaires sages, humaines et bientraitantes alors introduisez dans les programmes et dans les pratiques, les technologies de l'intelligence citoyenne c'est-à-dire des contenus, des méthodes et des professeurs ayant pour fonction de travailler cette forme d'intelligence.

Des compétences utiles à l'harmonie sociale et à la paix sont nombreuses et complexes. Nous avons déjà mentionné quelques exemples à travers les compétences de paix (voir annexe).

1. Compétences de discernement
2. Compétences humanistes

3. Compétences pacifico-critiques
4. Compétences de paix
5. Compétences humaines
6. Compétences sociales
7. Compétences citoyennes/démocratiques

Permettez-moi de décrire deux compétences particulièrement utiles sur le plan de la croissance psychique.

- La compétence de résonance

Nous avons vu que la résonance peut être définie comme la capacité à faire parler le monde. Elle exprime la construction d'un lien vibrant et sensible entre un sujet et des espaces sociaux, des objets, la nature, le sport ou encore l'art (les sphères potentielles de résonance sont multiples). Lorsque l'on cultive la sensibilité résonante, le moindre objet peut vibrer au son d'une musique singulière, source de bien-être et de richesse.

La sensibilité résonante est l'une des ressources les plus précieuses à cultiver et l'école occupe une place centrale dans la construction de cette compétence.

«Le rôle crucial attribué ici aux axes de résonance dans toute formation réussie pourrait être un facteur explicatif essentiel de la reproduction et le creusement des inégalités socioculturelles que l'on observe aujourd'hui en particulier en Allemagne. Les études portant sur les écarts de réussite scolaire selon les couches sociales indiquent que les élèves issus de la bourgeoisie cultivée (et aujourd'hui surtout les filles) ont accès dans les écoles allemandes à un champ de résonance riche et varié (qui comprend la chorale, l'atelier

théâtre, etc.) et peuvent assimiler le monde et multiplier les expériences d'efficacité personnelle. Aux enfants sans bagage culturel à l'inverse, l'école se présente essentiellement comme une zone d'aliénation où ils ne veulent rien entendre, ou rien ne leur parle et ils peuvent osciller à l'infini entre indifférence et répulsion. Un tel constat n'est pas sans conséquence pour une critique des rapports de résonance. Si l'école joue un rôle constitutif dans le développement de la capacité de résonance subjective alors cette inégalité de traitement pourrait entraîner des répercussions considérables sur la qualité de vue de vie des futurs adultes : si le système scolaire éducatif actuel paraît si critiquable, ce n'est pas seulement parce qu'il produit une inégalité massive de répartition des ressources, c'est aussi parce qu'il bloque systématiquement l'accès des enfants des couches défavorisées à des axes de résonance essentiels[76].»

Formulons maintenant ce savoir en termes de compétences.

Référentiel de compétences de résonance - Les individus résonants sont capables

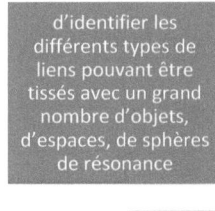

_____

[76] Hartmut ROSA – Résonance - Broché – 13 septembre 2018

Les compétences de la vie de groupe citoyenne sont une autre dimension centrale de la transformation citoyenne.

- Les compétences de la vie de groupe citoyenne : un ethos de la vie de groupe

La vie de groupe est l'expérience la plus commune et la plus complexe que nous aurons à vivre. Elle peut être d'une extraordinaire richesse mais elle peut aussi briser des vies. Elle constitue une terre fertile pour cultiver les compétences de paix.

De nombreux espaces sociaux intègrent déjà la question de la gestion de la vie de groupe dans leur cursus de socialisation. Notre rapport au groupe est cultivé dès la prime enfance dans la sphère familiale. Le monde scolaire complète ce parcours de socialisation. Le réseau amical participe aussi à l'acquisition de dispositions relationnelles. Le monde professionnel peut également travailler cette question. Ainsi, si j'occupe un poste à responsabilité, on pourra m'enseigner l'art de manager une équipe. Il y sera surtout question de l'art d'exercer un pouvoir sur un groupe pour atteindre l'objectif que l'on nous a fixé. On nous apprendra à animer une réunion (construire un ordre du jour…), recadrer un collaborateur, prendre la parole en public, gérer des personnalités difficiles….

Au cours de ce parcours, il est possible que certaines pratiques puissent venir nourrir notre capacité à vivre en groupe. Il me semble, toutefois, que l'édifice qui se dessine dans cette œuvre de socialisation souffre de nombreuses limites. En effet, il a vocation à nous couler dans le moule de l'espace social. Nous abordons la question de la vie de groupe à la lumière des enjeux du champ ou de la famille. Comment bien se comporter dans cet espace spécifique ?

Il lui manque donc beaucoup de pierres de citoyenneté (blocs de compétences). En effet, cette fabrique de « *l'ethos* de groupe » en tant que pierre fondatrice de la vie en société devrait être traitée dans le cadre d'une logique d'intérêt général avec l'idée de produire un *ethos* participatif, régulateur, créatif, pacifié... Vous trouvez ci-dessous quelques exemples de blocs de compétences complémentaires permettant d'enrichir le parcours de socialisation ouvrant ainsi des portes de sens nouveau : la vie de groupe comme outil de connaissance de soi, des autres, comme source de progrès...

- Les blocs de compétences « vie de groupe citoyen »

Connaissance et expérimentation du fonctionnement vertueux d'un collectif
- recherche de l'harmonie, de la pacification, de la créativité
- développer les comportements utiles au groupe (entraide....)
- connaître et appliquer des outils pour améliorer la vie de groupe

Connaissance et expérimentation du repérage du mode de fonctionnement des autres en groupe
- repérer le rôle de chaque individu dans un groupe
- connaître les forces et les fragilités de chacun des membres

Connaissance et expérimentation du repérage de ses forces et faiblesses
- repérer le rôle que nous avons tendance à jouer dans un groupe (leader...)
- expérimenter l'ensemble des rôles même les plus modestes
- sortir de sa zone de confort en endossant ses contre-rôles (modeste pour un leader...)

Connaissance et expérimentation des questions de pouvoir
- repérer les formes d'exercice de pouvoir au sein d'un groupe
- repérer les processus d'influence et de manipulation

Connaissance et expérimentation des outils de régulation d'un groupe
- Régulation des conflits
- Régulation des personalités

Connaissance et expérimentation des modes de prise de de décision participatives
- repérer les processus de participation et de prise de décision vertueux

Connaissance et expérimentation des fonctionnement toxiques
- repérer les processus toxiques de fonctionnement d'un groupe: logique de bouc-émissaire, discrimination, violence, prise de pouvoir

La compétence collective essentielle à cultiver est à trouver dans l'art de faire grandir un groupe et l'ensemble des individus qui le compose. Cette compétence collective est l'une des clés de l'harmonie et du développement social.

La qualité de la vie d'un groupe ne peut pas uniquement se mesurer à l'aune de sa performance à atteindre des objectifs (c'est un critère) mais aussi à son influence sur la vie des individus qui la composent, à l'influence sur l'environnement et à la fin des fins à sa contribution à l'œuvre collective.

Cette culture de la vie de groupe et son orientation citoyenne (c'est-à-dire le fait de mettre l'ensemble de ces compétences au service d'une œuvre sociale et humaniste) est au fondement de la transformation citoyenne.

- Le risque de succomber aux pathologies du pouvoir dans l'exercice du pouvoir

Si mon expérience de DRH m'a appris quelque chose, c'est que cette compétence n'est pas toujours maîtrisée, même par les agents occupant les fonctions les plus hautes dans l'espace social. Il se peut même que la réussite au sein d'un espace social nous place dans une position sociale rendant le développement de cette compétence plus complexe. L'isolement du pouvoir, la réduction des possibilités de recevoir un feed-back, la position de décideur, les contraintes de rôles, le poids des responsabilités, la violence dont le titulaire est souvent l'objet à travers les critiques, la pratique managériale orientée selon une logique de résultats… font courir à chaque décideur le risque de développer des formes plus ou moins graves de <u>pathologie du pouvoir</u>. **La progression psychique n'est pas strictement corrélée à la progression sociale et la lumière peut aveugler autant**

qu'elle peut éclairer. De telles fonctions nous apprendrons à animer une réunion, à parler en public, à résoudre un problème mais apprendre la vie de groupe citoyenne, c'est autre chose. C'est apprendre l'humilité, la connaissance de soi, rencontrer son rapport au pouvoir. C'est aller à la rencontre de soi mais du soi collectif, celui qui existe en collectif pour tenter de faire émerger le soi citoyen.

- Cultiver le savoir le plus précieux

Ce type de compétences collectives est précieux mais complexe à travailler. C'est pourquoi il faut produire du savoir. L'existence de tels outils de transmission nécessite l'émergence d'une véritable expertise (elle existe) et la formation de professeurs dans ce domaine. Quel merveilleux chemin pour une société que de chercher à se doter de maîtres de sagesse dans ces domaines aussi stratégiques ! Professeur en gestion des émotions, professeur sur le sens de la vie, sur le rapport positif à la nature sont autant de professions qu'une société positive doit enfanter.

- **Les pédagogies de la citoyenneté : du menuiser de la conscience au jardinier des âmes**

Le temps de l'école se trouve aussi questionné sur ses méthodes pédagogiques car dans ce domaine la forme compte parfois autant que le fond. L'apprentissage de la citoyenneté, de la rencontre de l'autre, de la maîtrise du monde émotionnel se joue aussi dans les processus formels pédagogiques. Nous pouvons ainsi explorer tout le champ des pédagogies positives (Montessori, Freinet, Steiner…). D'une certaine façon, elles visent à mettre à distance la fabrique sociale des *ethos* scolaires ou professionnels. Là où la pédagogie traditionnelle essaie d'inculquer certaines dispositions spécifiques d'un espace social à l'image d'un menuisier qui taille le bois pour réussir à obtenir le projet humain qu'on lui a commandé (*l'ethos* que l'espace social lui a commandé), les pédagogies positives mobilisent l'imaginaire du jardinier qui tente de faire pousser des arbres selon les meilleures conditions possibles sans chercher à façonner un *ethos*. Elles tentent de partir des dispositions individuelles et notamment des talents pour les mettre en culture et déployer ainsi l'ensemble des potentiels de l'individu.

L'enfance est certainement un moment précieux pour construire les dispositions au bien commun. Le temps de l'apprentissage de son futur métier en est un autre.

7.2. La citoyenneté professionnelle

La transmission des compétences positives ne relève pas simplement de l'institution scolaire. L'examen de cette institution nous a permis de questionner la composition chimique du capital scolaire. Notre travail peut se poursuivre à travers l'examen de la composition du **capital professionnel positif**. Adossée à l'environnement professionnel, la question du capital positif se pose de la façon suivante : quelles sont les dispositions professionnelles que je dois développer pour faire en sorte de devenir un citoyen professionnel ? c'est-à-dire pour que ma pratique et l'exercice de ma profession soient empreintes de cette force supérieure et de ce sentiment de l'intérêt général ?

Citons les travaux de Rodhain Florence et Rodhain Angélique s'interrogeant sur les effets de certaines formations sur les comportements éthiques des gestionnaires et posant ainsi clairement la question de la citoyenneté professionnelle

« Les quelques chercheurs en gestion qui se sont penchés sur ces questions semblent s'accorder sur le fait que la formation à la gestion ne permet pas de favoriser un comportement éthique chez les futurs cadres (M. Baetz et D. Sharp 2004, R. Kashyap et al. 2006, V. Krishnan 2008, A.M. Lämsä et al. 2007). Par exemple, Venkat Krishnan (2008) s'est intéressé, dans une étude longitudinale de sept ans, à l'impact de l'éducation à la gestion sur les valeurs d'étudiants effectuant un MBA à temps plein sur deux ans. Il a pu montrer que cette éducation a changé le système de valeurs des étudiants : les valeurs orientées vers l'individu (par exemple la recherche du confort, du

pouvoir, de la reconnaissance, du plaisir) sont devenues plus importantes après le passage par le MBA alors que les valeurs orientées vers la collectivité (honnêteté, politesse, harmonie, amitié, paix intérieure et dans le monde) perdaient largement de leur importance après cette éducation. Venkat Krishnan explique ainsi comment l'éducation à la gestion semble rendre les étudiants plus égoïstes, moins concernés par les autres et la société ».[77]

- **La question de la citoyenneté professionnelle**

Chaque profession pose, d'une certaine façon, une question de citoyenneté qui lui est propre. Une profession se construit en répondant à un besoin économique ou social. C'est la question économique du métier. Elle nécessite de mettre en débat des sujets tels que l'efficacité, la rentabilité ou encore la qualité.

La question citoyenne prend appui sur un autre registre. Il n'est pas ici question de profit mais d'éthique du travail, de sens au travail, de croissance humaine et d'utilité sociale Il existe de multiples façons d'exercer le métier et un espace social vertueux doit promouvoir (dans tous les sens du terme) les individus développant une forme spécifique de grandeur professionnelle. Cette grandeur n'est pas fondée sur la maîtrise des techniques ou encore sur l'atteinte d'objectifs économiques ou financiers mais sur la <u>capacité d'humanisation de sa profession</u>. Nous pouvons simplement exprimer la question citoyenne de la façon suivante : au sein de mon métier qu'est-ce qu'un grand professionnel <u>sur le plan humain</u> ?

---

[77] Rodhain Florence, Rodhain Angélique, « Pour une éthique des sciences du management : Formation à la connaissance de soi », La Revue des Sciences de Gestion, 2012/1 (n° 253), p. 43-50. DOI : 10.3917/rsg.253.0043. URL : https://www.cairn.info/revue-des-sciences-de-gestion-2012-1-page-43.htm

- La grandeur professionnelle en cuisine : la capacité d'humanisation de sa profession.

Le monde de la cuisine offre un fantastique terrain d'analyse des questions de « citoyennisation » du monde (avec un lien extrêmement fort avec les questions du genre). Le champ de la cuisine est dominé par les hommes (la plupart des « chefs » sont des hommes) alors que nous sommes sur une activité sociale traditionnellement dévolue aux femmes dans la sphère familiale. Cette hiérarchie sociale s'explique par l'action du « capital cuisine ». Nous pouvons, en effet, mettre en évidence un capital cuisine utile pour exister et faire carrière au sein de cet espace professionnel. Diplôme, réputation, expérience, force physique, charisme, compétences culinaires, disponibilité sont quelques-uns de ces composants. L'espace professionnel de la cuisine fabrique un *ethos* du cuisinier imprégné d'une culture militaire et machiste relativement « dur »[78]. Les jeunes apprentis comprennent très vite les codes qu'ils doivent intégrer. Ce « savoir-être » militaire correspond à la fois à une utilité technique (il faut travailler vite, dans le stress…) mais aussi à une logique de domination et de distinction. Peut-être pouvons-nous même lire la valorisation de ce type de « dispositions militaires » comme une tentative de limiter les possibilités de carrière des femmes en construisant socialement des corrélations entre les dispositions colériques et la grandeur professionnelle. En introduisant la notion *d'ethos* citoyen dans cet univers professionnel, nous pouvons travailler à dessiner un nouvel *ethos* professionnel du grand cuisiner dont la grandeur se joue naturellement sur les compétences culinaires mais aussi et de façon équivalente sur une échelle de citoyenneté. Sur cette échelle, le grand cuisinier est bientraitant, intègre les enjeux de développement durable,

---

[78] Pour quelques témoignages de cette culture, vous pouvez écouter l'émission *L'envers du décor* - France Culture, https://www.franceculture.fr/emissions/les-pieds-sur-terre/lenvers-du-decor-0. Consulté le 27 février 2019.

fait vivre positivement une communauté locale de fournisseurs, pratique des prix acceptables… **L'enjeu de la transformation citoyenne de cette profession se joue dans l'introduction par une action politique d'une forme de capital de citoyenneté pour promouvoir des élites capables de transformer leurs métiers et ainsi de développer toutes les composantes d'une culture professionnelle citoyenne.**

Cette forme de grandeur professionnelle ne peut être atteinte qu'à travers la mise en place d'un travail social sur l'intériorité permettant d'affronter les questions émotionnelles, relationnelles et spirituelles inhérentes à l'exercice de la profession (1er enjeu) mais aussi et surtout d'y apporter une réponse citoyenne (2e enjeux). Autrement dit, pour devenir un grand professionnel, il faut non seulement être capable d'affronter les grandes difficultés que vont poser l'exercice du métier mais que cet affrontement puisse enfanter une subjectivité citoyenne.

- Déclinons le premier enjeu : comment affronter les difficultés spirituelles professionnelles ?

Mon métier de DRH m'a permis de fréquenter de nombreux espaces professionnels et de pouvoir mesurer leurs difficultés à travers notamment la souffrance sociale et individuelle sécrétée au sein de chacun de ces univers. Cela m'a permis d'observer le processus social d'euphémisation sur la réalité des difficultés professionnelles (processus émanant autant des employeurs que des syndicats, ces deux forces étant souvent habitées par une grille de lecture politique du monde). De ces années d'expérience, j'en retiens que chaque espace social, mais aussi chaque métier, pose aux individus une série de questions d'ordre émotionnel, relationnel et spirituel. Et c'est dans la qualité des réponses à ces questions que se joue la grandeur professionnelle.

Ces questions en voici quelques-unes :

Les questions émotionnelles :

- À quelles émotions mon métier me confronte ?
- Comment puis-je réguler ce type d'émotions ?
- De quelles ressources ai-je besoin dans ce domaine ?
- Quels sont les risques associés à ce type d'émotion ?
- Comment ce type d'émotions résonne dans mon histoire ?

Les questions relationnelles professionnelles

- Quelle est l'image de l'Autre et des autres dans mon métier ?
- Est-ce que je peux nuire à l'autre dans mon métier ?
- Qu'est-ce que l'autre (l'usager, le collègue…) peut me faire ?
- Quelle vision anthropologique je développe de l'être humain ? Existe-t-il un risque de développer des visions biaisées de l'autre ?

Les questions spirituelles professionnelles

- Est-ce qu'il existe une façon de perdre son âme au sein du métier ?
- Est-ce qu'il existe des conflits éthiques majeurs ?
- Quelle est la place de l'argent dans ma pratique professionnelle ?
- Quelles sont les différentes dimensions de sens social et collectif que l'on peut donner à mon travail ?
- Quels sont les débats en matière de justice au travail ?

Voici quelques exemples de questions qui seront nécessairement posées et du chemin professionnel que nous allons emprunter pour y répondre dépend notre grandeur. C'est toute la question de la « citoyennisation » professionnelle.

- La « citoyennisation » de la réponse

L'exercice professionnel nous confronte à un certain nombre de difficultés. Nous devons nécessairement y faire face, c'est-à-dire y apporter une réponse en termes de comportements et de compréhension. Ces émotions produiront un impact sur notre vécu, sur notre esprit, sur notre conscience.

Les « choix » que nous opérons pour construire individuellement – mais aussi collectivement – cette réponse nous conduisent à arpenter certains chemins et à en délaisser d'autres. La « citoyennisation » d'une profession consiste à orienter collectivement les agents vers le chemin de la bientraitance car il mène au bien commun.

- Les questions spirituelles pour un policier et la réponse psychique citoyenne

Prenons un exemple simple. Exercer le métier de policier, c'est être confronté à la violence. Celle-ci peut donner naissance à de multiples émotions : la peur et la colère sont les compagnons de route des policiers. La gestion de cette émotion est une construction à la fois individuelle (elle est vécue dans l'esprit de chacun compte tenu de son histoire, de ses forces et de ses fragilités....) et collective (la profession met à disposition des théories et d'autres mécanismes de défense pour la prendre en charge)[79]. Il est possible de lire l'ensemble de cette technologie sociale professionnelle, ayant pour objet la prise en charge de la régulation émotionnelle à l'aune de ses effets sur les subjectivités. La colère et la peur mènent souvent à la haine. Une culture professionnelle peut pousser les salariés sur ce chemin (c'est le travail social le plus simple. Il suffit de souffler sur les braises quotidiennes de violence et vous avez un parfait cocktail pour fabriquer un « *ethos* brutal »).

La question émotionnelle dans le monde de la police est donc la suivante : comment dans un monde social fait, en partie, de peurs et de violences pouvons-nous grandir subjectivement, s'éveiller professionnellement en conservant et en développant notre humanité ?

Un grand policier est un policier capable de rester humain, compatissant, sage dans un monde dominé par la violence et dans ce monde, il sera plus facile de basculer dans les idéologies de la haine.

Nulle profession n'est à l'abri de ce type d'enjeux.

- Les questions spirituelles pour un médecin et la réponse psychique citoyenne

Être médecin, c'est être confronté à la mort et à la souffrance. Le chemin le plus simple face à ce type d'objets émotionnels consiste alors à se fabriquer des **murs émotionnels** nous éloignant d'une version humaine de l'exercice de notre métier. **Un bon médecin doit être bon technicien mais il doit aussi avoir consacré une énergie considérable pour travailler les immenses questions émotionnelles, relationnelles et spirituelles que va lui poser son métier. C'est grâce à ce**

---

[79] Voir dans ce domaine les travaux de Marc Loriol.

travail qu'il pourra faire de ces questions des ressources pour les mettre au service de la « citoyennisation » de son travail. Sans ce travail social, il risque d'emprunter certaines voies et d'y perdre une partie de son âme. Il pourra réussir certes, gagner de l'argent, peut-être même obtenir beaucoup de reconnaissance. Il pourra être un excellent technicien. Tout ceci est vrai et important mais il aura traversé la vie comme un aveugle s'il n'a pas saisi les grandes questions existentielles que lui posait l'exercice de son métier.

- Des fantômes professionnels

Ce n'est pas simplement une question individuelle, c'est un sujet politique et, en premier lieu, un sujet de formation professionnelle.

Chacun ne peut pas être livré à lui-même face à ces enjeux. Ses capacités de choix sont extrêmement limitées. On ne peut pas toujours disposer de la sagesse nécessaire. On se fabriquera ses propres solutions ou on puisera des méthodes dans des collectifs de travail parfois toxiques.

Mais si son parcours de formation lui a permis de rencontrer ces questions (il s'agit véritablement de rencontrer une difficulté et comme toute rencontre, elle suppose une action de prise de connaissance, de passer du temps avec, parfois de s'en méfier, d'apprendre à voir ses défauts, etc.) Sans ce travail de rencontre, ces forces peuvent agir comme **des fantômes psychiques et sociaux. Ils hantent les lieux et nos consciences sans que personne ne les voient. Ils sont les maîtres des lieux et gouvernent nos vies.**

Ces difficultés ne doivent pas devenir nos fantômes professionnels qui viennent guider nos âmes. **Grandir**

professionnellement, c'est affronter de tels fantômes et sortir de la nuit de notre métier pour s'éveiller.

- … À l'éveil professionnel

Ce processus d'éveil professionnel doit être l'objectif prioritaire de tout parcours de professionnalisation. Il est le seul capable de donner naissance à un grand professionnel. Ce dernier sera sensible aux questions environnementales. Il mesurera parfaitement l'importance de sa place et de son rôle au sein de la société. Il aura acquis suffisamment de maîtrise émotionnelle pour positiver, autant qu'il peut, l'univers émotionnel dans lequel il gravite. Il aura compris l'ensemble des questions éthiques posées par l'exercice professionnel dont il a la responsabilité. L'ensemble de ses compétences permettra d'orienter sa pratique vers une professionnalité citoyenne.

C'est lorsque les processus de fabrication des identités de métier auront parfaitement intégré dans leurs procédures la prise en compte de ce type de compétences que nous pourrons voir éclore les germes d'une société positive.

Dans le monde de la finance, certains professeurs appellent à un tel changement de paradigme à travers une réforme de l'enseignement :

«-Tant que les formations considérées comme les meilleurs ne jureront que par la spécialisation technique extrême, les praticiens de la finance ne pourront pas déployer un jugement réflexif et critique sur la responsabilité qui est la leur envers la société. C'est en quittant les berges rassurantes de cette technique pour s'engager dans des pratiques introspectives sur le métier et les pratiques que l'on parviendra peut-être à changer la représentation du monde des futurs financiers et par là même leurs comportements. L'enjeu est majeur puisqu'il

204

s'agit de passer d'une culture d'une finance au service d'elle-même à une finance d'utilité générale[80]. »

Nous avons vu que le monde de l'enfance était un moment important pour tenter de transmettre un certain nombre de dispositions citoyennes. Nous avons aussi vu que l'apprentissage de son métier, des gestes techniques devait nécessairement s'accompagner d'une dimension spirituelle, émotionnelle et relationnelle.

À ce stade, nous pouvons faire le constat que nous n'avons abordé qu'un petit moment spécifique et relativement cours de notre vie sociale. Que se passe-t-il une fois devenu adulte ?

Nous devons aussi voir les outils que nous pouvons mobiliser pour s'assurer d'activer tout au long de la vie un chemin de croissance. Le processus de croissance ne s'arrête pas lorsque nous devenons adultes. Il est même possible qu'il commence véritablement à ce moment où nous avons acquis suffisamment de ressources pour devenir maître ou en partie maître de nos vies ; où nous ne pouvons peut-être arriver à nous émanciper de déterminations familiales et sociales. Libérés de nos chaines, ayant entre les mains des forces de décision, nous pouvons déployer de la puissance d'action. Si nous acceptons que le chemin du progrès est l'œuvre de toute une vie, se pose alors nécessairement la question des outils que nous avons à disposition pour nous accompagner sur ce chemin complexe. C'est la troisième voie, celle de l'accompagnement que nous allons maintenant explorer.

---

[80] COUPPEY SOUBEYRAN (Jézabel), SCIALOM (Laurence), TADJEDDINE FOURNEYRON (Yamina), Changer la finance en commençant par changer son enseignement », Le Monde, vendredi 8 février 2019.

- L'ACCOMPAGNEMENT

Que reste-t-il de cet édifice d'accompagnement lorsque nous devenons adultes ? Quelles sont les institutions à disposition de chacun d'entre nous pour progresser sur le chemin difficile de la vie lorsque nous avons quitté les espaces et le lieu de l'enfance ayant en charge cette question ? Quelles sont les différentes voies que nous pouvons emprunter pour progresser ?

Le monde de l'éducation, de la croissance, de l'apprentissage n'est-il pas un peu trop vide une fois le temps de l'enfance révolu ?

En laissant le champ vide, nous ouvrons un gigantesque espace de colonisation des esprits au système économique. La publicité et la marchandisation du monde investiront nos esprits et nous feront intérioriser un projet spirituel d'une nature particulière : « le but de la vie et de ta vie c'est accumuler des biens et de se divertir ».

- Le sens social de nos vies : grandir en tant qu'adulte

Fort heureusement, il est encore possible de grandir une fois devenu adulte mais ce processus n'est pas inscrit dans le sens social de nos vies. Avoir un travail, faire carrière, avoir des enfants, gagner de l'argent, rechercher le bonheur, faire du sport, consommer...Tout ceci est inscrit dans le sens social de nos vies mais la vie ne nous est pas présentée, ne s'offre pas à nous avec un enjeu de développement psychique fort.

- Les mutations de la rencontre de l'autre

Pour devenir des citoyens, pour progresser, il faut nécessairement rencontrer l'autre, accepter son regard... c'est dans ces modalités de rencontre que se joue le chemin du progrès humain. Nous assistons à de profonds changements sur le plan des espaces et des modalités de rencontre de l'autre.

- « *Ethos* numérique » et question citoyenne

Internet et ses nombreux outils de communication ont révolutionné **les modalités sociales de la rencontre de l'autre**.

Pour le dire vite, et peut-être caricaturalement, je ne suis pas certain que ce nouvel environnement relationnel soit toujours producteur de sagesse. Il me semble pouvoir donner naissance à de nouveaux risques psychiques et sociaux notamment nous ouvrir les portes de l'enfermement spirituel. Sur la toile, nous allons rencontrer un autre qui partage souvent nos idées et qui risque même de les radicaliser dans cet univers où l'accès à la visibilité numérique passe souvent par l'outrance. Nous allons parfois cultiver un mode de relation plus violent (il est étonnant de voir la force des métamorphoses psychiques opérées par des individus plutôt sympathiques et apaisés dans les relations réelles mais pouvant se révéler d'une rare violence dans des échanges numériques). **Il est loin d'être sûr que le monde relationnel numérique fabrique de la citoyenneté**. Et ne nous y trompons pas. Il va déployer sa puissance transformatrice et faire émerger des nouvelles formes de dispositions. Il contribue déjà à façonner un nouvel habitus. **L'ethos numérique est en train de se déployer.**

La rencontre de l'autre se trouve modifiée par le monde numérique et, si nous n'y prenons pas garde, elle pourrait enfanter une nouvelle subjectivité contemporaine complexe. Les processus de radicalisation, via les réseaux sociaux, témoignent d'une telle évolution. Internet ouvre des espaces d'accompagnement nouveau.

Le temps de la vie d'adulte doit donc être un temps de croissance et cela passe nécessairement par la rencontre de l'autre. C'est dans l'alchimie de cette rencontre et dans la qualité de ces liens que se joue la construction d'une société apaisée, sage, résiliente et pacifiée.

Il faut réfléchir à la mise en place d'une culture où <u>chaque citoyen</u> puisse bénéficier de la sagesse de l'accompagnement de certains <u>maîtres</u> sans qu'il soit question de pathologies, de guérison ou de blessures mais simplement de la nécessité vitale de se développer, de se poser un certain nombre de questions existentielles et de trouver dans les institutions sociales des espaces pour qu'elles puissent faire l'objet d'échanges et trouver peut-être des réponses. Il me semble qu'une société positive se mesure en partie aux moyens mis à disposition des citoyens pour bénéficier de cette forme d'accompagnement, qui ne vise pas simplement à réparer, qui ne vise pas simplement des citoyens abîmés mais qui vise à faire grandir les individus éclairés.

L'accès au statut d'adulte ne nous a pas forcément permis de répondre à toutes les questions existentielles. Notre monde émotionnel ne s'est pas apaisé par miracle. La nature des relations que nous instaurons vis-à-vis des autres s'est peut-être même cristallisée de façon encore plus forte que lorsque nous avions encore un regard d'enfant. Le travail qu'il nous reste à réaliser est immense.

Je sais que l'on pourrait voir dans cette ambition un projet d'infantilisation des citoyens en soumettant chacun d'entre nous à des mécaniques d'accompagnement, contrôle tatillon de bureaucrates des âmes. Si cet autre est un fonctionnaire maltraitant et zélé, chargé de contrôler la conformité de nos opinions aux normes sociales en vigueur, alors ce monde est une horreur. Mais si cet autre s'appelle Ghandi, si cet autre est l'instituteur que vous avez rencontré et qui vous a ouvert au monde merveilleux de la lecture, si cet autre est le guide bienveillant dont nous avons besoin pour grandir, alors ce monde est celui du progrès humain et social, du seul progrès qui comptera au soir de nos vies.

La frontière entre la monstruosité sociale et le progrès est parfois bien mince et peut être que la peur de succomber à la noirceur du premier nous a fait perdre de vue la lumière du second.

Nul ne peut emprunter ce chemin de façon contrainte mais l'énergie sociale et collective doit nous y inviter. Nul ne peut s'engager sur le chemin du progrès dans le cadre d'une relation à l'autre s'il ne s'inscrit pas librement dans le cadre d'une adhésion pleine et entière. Mais si l'envie lui en prend, si suffisamment de forces sociales lui en montrent la nécessité et l'utilité alors il doit trouver à sa disposition ce type d'espace.

Nous manquons cruellement d'espaces sociaux permettant d'accompagner les citoyens lambda (pas le malade, pas le pauvre, pas le déviant….:) dans une forme de croissance.

- <u>Apprendre que l'essentiel c'est d'enseigner l'essentiel</u>

Nous en avons terminé avec les outils de la transmission. Si nous souhaitons que certaines dispositions positives irriguent le corps social, il faut mettre à contribution les institutions de la formation et de l'accompagnement <u>pour qu'elles apprennent que l'essentiel c'est d'enseigner l'essentiel</u>. Le capital de citoyenneté pourra ainsi compter sur la puissance de telles institutions et nourrir positivement le corps social de forces citoyennes. Nous allons maintenant explorer une troisième et dernière voie (après celle de la sélection et de la formation) pour accroître la place et la puissance du capital de citoyenneté.

Allons maintenant ouvrir les portes à la dimension symbolique du capital.

8.
La revalorisation symbolique du capital de citoyenneté

Pierre Bourdieu a perçu la dimension symbolique de toute forme de capital. Il a d'ailleurs forgé la notion de capital symbolique[81].

Dans le monde social, comme dans les banques, le capital est une monnaie dont la valeur est inscrite dans nos têtes. En dehors de ce processus, un billet n'est qu'un bout de papier.

Pour bien comprendre cette dimension symbolique du capital, il faut aller voir le projet spirituel d'une société.

- Adéquation entre projet spirituel et type de capital

Nous vivons dans un ordre symbolique spécifique à une époque et à une culture. Celui-ci se donne à voir principalement par **la mise à disposition de chemins de vie** possibles et souhaitables qui déterminent la valeur de nos actes.

Un capital symbolique touche au projet spirituel qu'une société propose à l'ensemble de ses citoyens. Dans un monde économique où le projet spirituel est principalement fondé sur la valeur matérielle et marchande, le capital économique est puissant mais le roi peut vite se révéler nu et cette richesse se montrer obscène dans un monde habité par un projet spirituel différent. Les prêtres étaient des personnalités importantes dans un monde religieux. Ils étaient riches ……de capital religieux et ils comptaient. Leur place et leur valeur sont aujourd'hui bien différentes.

---

[81] « J'appelle capital symbolique n'importe quelle espèce de capital (économique, culturel, scolaire ou social) lorsqu'elle est perçue selon des catégories de perception, des principes de vision et de division, des systèmes de classement, des schèmes classificatoires, des schèmes cognitifs, qui sont, au moins pour une part, le produit de l'incorporation des structures objectives du champ considéré, c'est-à-dire de la structure de la distribution du capital dans le champ considéré +. » BOURDIEU (Pierre), *Raisons pratiques*, Seuil, Paris, 1994, p.161.

Si dans un autre projet spirituel, la valeur de nos vies (et les critères de consécration, de valorisation, de reconnaissance...) s'apprécie à la lumière de la puissance de notre esprit, de nos progrès spirituels ; alors dans ce monde, même le plus grand des grands, peut symboliser l'échec d'une vie et nous inspirer de la pitié. Donald Trump a beau avoir accédé à la plus haute fonction, il reste un dominé : dominé par ses pulsions, par des émotions, par sa vision du monde.

Il est utile et nécessaire de lire le projet spirituel que propose une société. Il existe toujours même dans une société laïque. Il n'est pas forcément individuellement conscientisé. Tellement intériorisé qu'il est perçu comme l'ordre normal et nécessaire des choses. Il est pourtant à la source de la fabrique des subjectivités. Il est le chemin que nous propose la société.

Il se donne à voir en répondant à une question : **dis-moi qu'est-ce que réussir sa vie dans cette société** ?

C'est en partie ce projet qui détermine la nature des dispositions et des capitaux ayant cours au sein d'un espace social. Dans un monde dominé par le champ économique et sa déclinaison professionnelle, les capitaux professionnels concentrent une énergie sociale immense : diplômes, expériences et responsabilités sont les moteurs de notre existence sociale.

- C'est au regret des morts qu'on voit les impasses des vivants

Nous pouvons aussi imaginer un monde social porteur d'un projet spirituel différent. Ce projet pourrait consister à tenter d'orienter l'énergie individuelle et collective vers la recherche de la croissance individuelle, du développement de la vie, de la construction d'un rapport sacralisé à la planète ; bref, vers la recherche de la fabrique de la citoyenneté. Dans ce monde à la question « qu'est-ce que réussir sa vie », la réponse serait la suivante : « Tu as réussi, mon enfant, si tu t'es mis au service des autres, si tu as réussi à calmer tes démons, si tu es devenu un peu plus sage en ayant finalement mis à distance les enjeux secondaires de vie qu'on te propose pour profiter pleinement des choses importantes. Tu as réussi ta vie, mon enfant, non pas parce que tu as gagné de l'argent mais pas non plus parce que tu n'en pas gagné mais à la lumière de ce que tu as fait de l'argent que tu as gagné ou du temps que tu avais à ta disposition, de l'usage citoyen de tes ressources. Tu as réussi, mon enfant, ta vie car tu as fait grandir de nombreuses personnes et bien au-delà de ton cercle de proches ».

L'ironie de cette ambition c'est qu'elle peine à accoucher alors que l'enfant donnerait du bonheur à tous. Nous avons tous intérêt à ce changement de projet. Nous en avons intérêt écologiquement. C'est une question de survie mais aussi socialement, psychiquement, symboliquement et spirituellement. On peut, en effet, facilement imaginer que les dominés (pour reprendre une vision du monde bourdieusienne) aient intérêt à ce changement de paradigme qui serait susceptible d'entraîner une répartition différente des richesses. Mais je suis convaincu que même les dominants y trouveraient leur compte. Ce monde-là ne serait pas simplement plus juste, plus solidaire, plus citoyen et plus pérenne, il serait aussi probablement un monde où les « dominants » eux même seraient plus heureux ; de cette forme de bonheur d'avoir été un grand homme, d'avoir changé des milliers de vies.

Pour s'en convaincre, je vous propose de faire appel aux travaux de cette infirmière en soins palliatifs de Bronnie Ware[82] qui est venue nous offrir un éclairage sur le regard et

---

[82] WARE (Bronnie), *Les 5 regrets des personnes en fin de vie*, Guy Trédaniel, Paris, 2016.

les regrets que portent les personnes sur leur vie avant de mourir. Il est un moment dans la vie où la question du sens de cette vie se pose de façon brute. Ces regrets sont l'expression la plus profonde des imperfections des parcours de chaque individu mais aussi des imperfections des chemins collectifs de nos vies. <u>C'est au regret des morts qu'on voit les impasses des vivants.</u>

Aux portes de la mort, que nous disent-ils ? Ils nous disent qu'ils ont soif mais pas de reconnaissance ou d'argent. S'ils ont soif, c'est une eau qui a étrangement la couleur et le goût de la citoyenneté. Ils auraient aimé boire plus à la source de la relation à l'autre (« J'ai travaillé trop et consacré trop peu de temps à ma famille » ; « J'aurais voulu avoir plus de temps pour mes amis » ; « J'aurais dû dire « je t'aime » plus souvent »). Ils auraient voulu boire plus à la source du développement de soi et nous parlent de croissance psychique (« Je n'ai pas poursuivi mes rêves et aspirations » ; « J'aurais dû dire ce que je pense vraiment plutôt que faire l'impasse sur mes émotions » ; « J'aurais dû être celui qui fait le premier pas pour résoudre mes soucis » ; « Je n'ai pas eu le courage de vivre pleinement tel que je suis »).

Les gens avant de mourir ouvrent les portes de leur aliénation de vie. Ils ne peuvent plus se mentir et ce qui leur manque, c'est la relation et le progrès humain.

J'ignore comment une société peut enfanter un autre projet spirituel. Comment on peut donner naissance à une autre forme de vie ? C'est peut-être du côté des modes de consécration sociale et de reconnaissance qu'il faut aller regarder mais une chose est sûre : c'est dans nos yeux, dans le regard individuel et collectif que nous portons sur les formes de réussite que se joue la fabrique du capital et c'est donc dans un processus d'éveil (ouvrir les yeux, sortir de la nuit) que se trouve la solution.

9.
Conclusion

Le mariage de la science positive et de la sociologie de Pierre Bourdieu nous a permis de penser ce que pourrait être un espace social au fonctionnement vertueux et de proposer le concept de « capital de citoyenneté ». Nous avons ainsi proposé de définir la positivité d'une forme de capital à travers sa capacité à orienter les énergies vers la recherche du bien commun. Ce processus nous avons choisi de le nommer « citoyennisation ».

Une fois cette définition posée, nous avons proposé de décortiquer le contenu que nous pouvions donner à ce concept et nous avons ainsi posé l'hypothèse que cette forme de capital comprenait : la gestion des émotions, la bientraitance relationnelle, la compétence spirituelle et l'actualisation de soi. Nous avons ainsi postulé que l'acquisition de dispositions permettrait d'orienter le comportement des individus dans un sens jugé souhaitable, vertueux au regard des critères de citoyenneté. Nous avons proposé de décrire cette réalité en forgeant le concept « **d'intelligence citoyenne** ». Il existe une forme d'intelligence favorisant l'éclosion de la sagesse et les clés de la transformation sociale se trouvent dans la place socialement accordée à ces formes d'intelligence citoyenne.

Nous avons ensuite engagé un certain nombre de réflexions ayant pour objet d'analyser les mécanismes par lesquels ce type de dispositions pouvait accroître son pouvoir et sa place sociale en formant un capital culturel. Nous avons nommé cela « processus de capitalisation citoyenne des espaces sociaux ». Cette notion désigne un ensemble de mécanismes qui permettent à certains types de dispositions d'acquérir de la valeur au sein d'un espace. L'acquisition de cette valeur lui permet de peser et donc d'orienter les énergies individuelles et collectives. Cela passe par le déploiement de technologies sociales. Nous avons ainsi pu examiner différentes formes de technologies à travers les processus de sélection, de formation et de régulation.

Nous espérons ainsi avoir contribué à l'émergence d'un projet de transformation individuelle et collective en plaçant la question du capital de citoyenneté au centre. À ceux qui prétendent que les réponses aux enjeux planétaires et sociaux auxquels nous sommes confrontés se trouvent dans la « transformation spontanée des mentalités » (cette fameuse prise de conscience) et à ceux qui plaident pour que cette transformation soit placée sous le signe de l'évolution des structures politiques, nous pensons que le concept de capital de citoyenneté constitue une réponse pertinente. Pour le dire autrement, il est probablement vrai que toute transformation sociale passe par une évolution des mentalités mais une telle évolution n'est pas le produit d'un pur hasard, d'un choix individuel et éthique, elle est aussi, et peut-être surtout, le fruit de la construction d'une technologie individuelle, collective, sociale, symbolique, culturelle et politique (politiquement construite) permettant d'orienter l'ensemble des énergies vers la fabrique de dispositions vertueuses œuvrant à la recherche du bien commun.

La construction d'une telle société n'est plus une option face aux enjeux environnementaux donc existentiels désormais à nos pieds. Le monde de demain sera citoyen. Les âmes sensibles prendront le pouvoir ou nous périrons.

10. Bibliographie

1. ACCARDO (Alain), *Introduction à une sociologie critique*, Agone, 2006.
2. Bernaud, Jean-Luc - Introduction à la psychologie existentielle - Broché – 2018
3. BOLTANSKI (Luc) et CHIAPELLO (Ève), *Le nouvel esprit du capitalisme*, Gallimard, Paris, 2011.
4. BOURDIEU (Pierre), *La distinction critique sociale du jugement*, Éditions de Minuit/Maison des sciences de l'homme, Paris, 2012.
5. BOURDIEU (Pierre), *La noblesse d'état: grandes écoles et esprit de corps*, Éditions de Minuit, Paris, 2002.
6. BOURDIEU (Pierre) et PASSERON (Jean-Claude), *La reproduction : éléments pour une théorie du système d'enseignement*. Éditions de Minuit, Paris, 2005.
7. BOURDIEU (Pierre) et PASSERON (Jean-Claude), *Les héritiers: les étudiants et la culture*, Éditions de Minuit, 1994.
8. BRUGVIN (Thierry) et al., *Être humain en système capitaliste ?: l'impact psychologique du néolibéralisme*, éditions Yves Michel, Paris, 2015.
9. BRUNEL (Valérie), *Les managers de l'âme: le développement personnel en entreprise, nouvelle pratique de pouvoir?*, La Découverte/Poche, Paris, 2008.
10. Eva ILLOUZ, et Frédéric JOL - Happycratie: comment l'industrie du bonheur a pris le contrôle de nos vies ? - Editions Broché – 23 août 2018
11. CHOISAY (Frédéric), *Le capital psychologique chez les aviateurs de l'armée de l'air de la formation initiale aux opérations extérieures.* www.theses.fr, http://www.theses.fr/s170952. Consulté le 19 décembre 2018.
12. Antonia Csillik, Les ressources psychologiques : Apports de la psychologie positive, Dunod, 2017
13. D'ANSEMBOURG (Thomas), et al. *La paix, ça s'apprend!: guérir de la violence et du terrorisme*, Actes Sud, Arles, 2016.
14. DEJOURS (Christophe), *Souffrance en France la banalisation de l'injustice sociale,* Points, Paris, 2014.
15. DUFOUR (Dany-Robert), *L'individu qui vient après le libéralisme*, Denoël, Paris, 2015.
    DURKHEIM (Émile) et Paugam (Serge), *Le suicide : étude de sociologie*, PUF, 2013.
16. EHRENBERG (Alain), *La Société Du Malaise*, Odile Jacob, Paris, 2012.
17. ELIAS (Norbert) et Kamnitzer (Pierre), *La civilisation des mœurs*, Pocket/Calmann-Lévy, Paris, 2016.
18. FOUCAULT, (Michel), *Surveiller et punir : naissance de la prison*, Gallimard, Paris, 2008.
19. FRANKL (Viktor Emil), *Découvrir un sens à sa vie avec la logothérapie*, éditions J'ai lu - 2013.

20. FRANKL (Viktor Emil), *Nos raisons de vivre à l'école du sens de la vie*, InterÉditions, 2009.
21. GARDNER (Howard), *Les Intelligences Multiples: La Théorie Qui Bouleverse Nos Idées Reçues*, Retz, 2008.
22. (de) GAULÉJAC (Vincent) et HANIQUE (Fabienne), *Le capitalisme paradoxant: un système qui rend fou*, Points, Paris, 2018.
23. GODECHOT (Olivier). *Les traders: essai de sociologie des marchés financiers*, La Découverte, Paris, 2005.
24. GOLEMAN (Daniel), *Cultiver l'intelligence relationnelle: comprendre et maîtriser notre relation aux autres pour vivre mieux*, éditions J'ai lu 2017.
25. GREENLEAF (Robert K) et C. Spears (Larry), *Servant leadership: a journey into the nature of legitimate power and greatness. 25th anniversary*, Paulist Press, 2002.
26. HAMEL (Liliane), *L'éveil à la métaconscience et la formation du gestionnaire*, hdl.handle.net, 2009. https://corpus.ulaval.ca/jspui/handle/20.500.11794/21018.
27. « Jeremy Rifkin, philosophe : "Sans empathie, nous sommes foutus" ». Télérama.fr, https://www.telerama.fr/idees/sortir-de-l-egoisme-pour-sauver-la-planete,68939.php. Consulté le 7 janvier 2019.
28. LAHIRE (Bernard), *L'homme pluriel: les ressorts de l'action*, Editions Pluriel, Paris, 2014.
29. LALIVE D'EPINAY (Christian. « Les Fondements mythiques de l'ethos du travail / The Mythical Foundations of the Ethic of Work ». Archives de sciences sociales des religions, vol. 75, n° 1, 1991, p. 153-68.
30. LAZUECH (Gilles), *L'exception française: le modèle des grandes écoles à l'épreuve de la mondialisation*, Presses universitaires de Rennes, 1999.
31. LECOMTE (Jacques), *Donner Un Sens à Sa Vie*, Odile Jacob, Paris, 2013.
32. ---. *Introduction à la psychologie positive*, Dunod, Paris, 2016.
33. ---. *Introduction à la psychologie positive*, Dunod, Paris, 2009.
34. ---. *La Bonté Humaine. Altruisme, Empathie, Générosité*, Odile Jacob, Paris, 2014.
35. ---. *Les entreprises humanistes: comment elles vont changer le monde*, 2016.
36. Marquis (Nicolas), *Du bien-être au marché du malaise: la société du développement personnel*, PUF, Paris, 2014.
37. MARTIN-KRUMM, (Charles) et TARQUINIO (Cyril), *Traité de psychologie positive*, De Boeck, Paris, 2011.
38. RICARD (Matthieu), *Plaidoyer pour l'altruisme: la force de la bienveillance*, Pocket, Paris, 2014.
39. RIFKIN (Jeremy), *Une nouvelle conscience pour un monde en crise: vers une civilisation de l'empathie*, Actes Sud, Arles, 2012.
40. Hartmut ROSA – Résonance - Broché – 13 septembre 2018
41. SAUVADET (Thomas), *Le capital guerrier: concurrence et solidarité entre jeunes de cité*, Armand Colin, Paris, 2006.

42. SERRE (Delphine), « Le capital culturel dans tous ses états », Actes de la recherche en sciences sociales, vol. n° 191-192, n° 1, avril 2012, p. 4-13.
43. BRUNEL (Valérie), *Les managers de l'âme*, La Découverte, Paris, 2008.
44. WARE (Bronnie), *Les 5 regrets des personnes en fin de vie*, Guy Trédaniel, Paris, 2016.
45. WEBER (Max), *L'éthique protestante et l'esprit du capitalisme: suivi de Les sectes protestantes et l'esprit du capitalisme*, Pocket, Paris, 1998.
46. ZOLESIO (Emmanuelle), *Chirurgiens au féminin ? : socialisation chirurgicale et dispositions sexuées de femmes chirurgiens digestifs*, Université Lyon 2, 12 novembre 2010. www.theses.fr, http://www.theses.fr/2010LYO20061.
47. ---. « Des femmes dans un métier d'hommes : l'apprentissage de la chirurgie ». Travail, genre et sociétés, vol. n° 22, n° 2, octobre 2009, p. 117

11. Annexe

Annexe 1 - Dictionnaire - Paix/Éducation

http://www.grainesdepaix.org/fr/ressources-de-paix/dictionnaire-paix-education#c2=sortable_title&c3=all&b_start=0

- Compétence de discernement

Capacités d'observation permettant de voir plus et mieux que ce qui se voit à première vue. Plus spécifiquement...

... le discernement permet de mieux voir et de comprendre les situations et les personnes, par l'analyse objective, la démarche réflexive, l'esprit critique, la perspicacité, la capacité d'anticipation et le regard sensible.

C'est une compétence de paix essentielle et l'une des compétences psychosociales qui est enseignée progressivement à l'école.

- Compétences humanistes

Compétences humaines qui visent, sur le plan philosophique et dans la pratique, à placer l'être humain et les valeurs humaines au-dessus de tout.

- Compétences pacifico-critiques (réflexion pacifico-critique)

Capacités cognitives et sensibles permettant le discernement des facteurs et des influences qui favorisent la convergence vers de relations de paix, et des facteurs et des influences qui orientent vers la divergence, l'éveil de conflits, la violence, voire les positions extrêmes.

- Compétences de paix

Ensemble des compétences nécessaires pour bien vivre ensemble dans une culture de la paix. Il s'agit des compétences humaines, sociales, interculturelles et citoyennes - et des compétences de discernement.

Les compétences d'interaction permettant à une personne ou à un groupe de tisser des relations de respect, d'harmonie, voire d'engagement avec d'autres personnes, d'autres groupes, avec d'autres cultures et avec la collectivité.

Les compétences de discernement permettent de mieux percevoir les éléments démagogiques ou manipulatoires.

Les compétences de réflexion critique permettent de prendre de la distance pour évaluer ce qui se présente.

Les compétences de réflexion pacifico-critique amènent à voir plus loin et à percevoir ce qui pourra apaiser, ce qui pourra ramener le calme et les distinguer de ce qui pourrait attiser le feu.

- **Compétences humaines**

Ensemble de capacités permettant de tisser des liens vers et avec l'autre, fondées sur l'écoute empathique, la bienveillance, le soin de l'autre et un sentiment d'humanité.

- **Compétences sociale**

Ensemble de capacités permettant d'interagir de façon constructive et aisée dans un groupe et avec d'autres groupes par l'écoute active, le dialogue, la coopération, la médiation, l'apaisement, la négociation.

- **Compétences citoyennes/démocratiques**

Ensemble des capacités permettant d'échanger au sein d'une société de façon participative, constructive et respectueuse. Elles facilitent les interactions relatives aussi bien à un foyer, à un village, à une ville, à une région, à un pays, à un groupement de pays, qu'à celles entre des individus et leur environnement.

Annexe 2 - Liste des ouvrages sur la question des ressources en lien avec les enjeux du bien commun

1. Bernaud, Jean-Luc - Introduction à la psychologie existentielle - Broché – 2018
2. BRUNEL (Valérie), *Les managers de l'âme: le développement personnel en entreprise, nouvelle pratique de pouvoir?*, La Découverte/Poche, Paris, 2008.
3. Antonia Csillik, Les ressources psychologiques : Apports de la psychologie positive, Dunod, 2017
4. D'ANSEMBOURG (Thomas), et al. *La paix, ça s'apprend!: guérir de la violence et du terrorisme*, Actes Sud, Arles, 2016.
5. FRANKL (Viktor Emil), *Découvrir un sens à sa vie avec la logothérapie*, éditions J'ai lu - 2013.
6. FRANKL (Viktor Emil), *Nos raisons de vivre à l'école du sens de la vie*, InterÉditions, 2009.
7. GARDNER (Howard), *Les Intelligences Multiples: La Théorie Qui Bouleverse Nos Idées Reçues*, Retz, 2008.
8. GODECHOT (Olivier). *Les traders: essai de sociologie des marchés financiers*, La Découverte, Paris, 2005.
9. GOLEMAN (Daniel), *Cultiver l'intelligence relationnelle: comprendre et maîtriser notre relation aux autres pour vivre* mieux, éditions J'ai lu 2017.
10. GREENLEAF (Robert K) et C. Spears (Larry), *Servant leadership: a journey into the nature of legitimate power and greatness. 25th anniversary*, Paulist Press, 2002.
11. HAMEL (Liliane), *L'éveil à la métaconscience et la formation du gestionnaire*, hdl.handle.net, 2009. https://corpus.ulaval.ca/jspui/handle/20.500.11794/21018.
12. « Jeremy Rifkin, philosophe : "Sans empathie, nous sommes foutus" ». Télérama.fr, https://www.telerama.fr/idees/sortir-de-l-egoisme-pour-sauver-la-planete,68939.php. Consulté le 7 janvier 2019.
13. LECOMTE (Jacques), *Donner Un Sens à Sa Vie*, Odile Jacob, Paris, 2013.
14. ---. *Introduction à la psychologie positive*, Dunod, Paris, 2016.
15. ---. *Introduction à la psychologie positive*, Dunod, Paris, 2009.
16. ---. *La Bonté Humaine. Altruisme, Empathie, Générosité*, Odile Jacob, Paris, 2014.
17. ---. *Les entreprises humanistes: comment elles vont changer le monde*, 2016.
18. Paul H. Ray, Sherry Ruth Anderson, L'émergence des Créatifs Culturels, Éditions Yves Michel, 2001
19. RICARD (Matthieu), *Plaidoyer pour l'altruisme: la force de la bienveillance*, Pocket, Paris, 2014.

20. RIFKIN (Jeremy), *Une nouvelle conscience pour un monde en crise: vers une civilisation de l'empathie,* Actes Sud, Arles, 2012.
21. Hartmut ROSA – Résonance - Broché – 13 septembre 2018
22. SAUVADET (Thomas), *Le capital guerrier: concurrence et solidarité entre jeunes de cité,* Armand Colin, Paris, 2006.
23. WARE (Bronnie), *Les 5 regrets des personnes en fin de vie*, Guy Trédaniel, Paris, 2016.

Index des notions clés

1. « Altruisation »
2. Capital de citoyenneté
3. Capitalisation citoyenne d'un espace social
4. Citoyenneté professionnelle
5. « Citoyennisation »
6. Compétence de paix
7. Croissance psychique
8. Émancipation émotionnelle
9. *Ethos* existentielle
10. Éveil professionnel
11. Fantôme professionnel
12. *Habitus* existentiel
13. Humanisation
14. Intelligence citoyenne
15. Intelligence spirituelle citoyenne, (ISC),
16. Intelligence relationnelle citoyenne (IRC),
17. Intelligence émotionnelle citoyenne (IEC)
18. Intelligence de développement citoyenne (IDC)
19. « Positivation » d'un espace social
20. Projet spirituel
21. Psychologie positive citoyenne
22. Régulation citoyenne
23. Résilience citoyenne
24. Résonance citoyenne
25. Science psychique de la citoyenneté